聖教ワイド文庫　042

池田大作

対談　二十一世紀の人権を語る

A・アタイデ

聖教新聞社

はしがき

アウストレジェジロ・デ・アタイデ

現代世界における二人の偉大《いだい》な指導者の「対話」――それは、本質的かつ不可欠《ふかけつ》な人権の擁護《ようご》のために、人生の最大の努力をかたむけてきた両者にとって、たんなる「出会い」であるというより、それをはるかに凌駕《りょうが》する「語らい」であると思えてなりません。

なぜなら、世界の傑出《けつしゅつ》した存在として献身的《けんしんてき》ともいえる行動をつづける池田大作氏が、人権思想の高潔《こうけつ》な価値《かち》を全面的に擁護する一書を、後世《こうせい》にとどめようとされていることを知ったからです。

私たち二人が等しく主張してきた人権擁護の戦い。それを基盤《きばん》とするこの対談によって、二十一世紀には人類が古代から求めつづけてきた、歴史的な願望《がんぼう》が開花《かいか》することになると言えるでしょう。また、これから迎《むか》える新世紀に、この願望を達成することは、人類の哲学・思想・社会・政治史を塗《ぬ》り替《か》える、最も重要な事実として残ることにもなりましょう。

信じ合える、また忘れ得《わすれえ》ぬ〝戦う同志〟として私が希望することは、私たちのこの〝熱烈《ねつれつ》なる献身《けんしん》〟が、明日という日を開き、来《きた》るべきその日を、すべての老若男女《ろうにゃくなんにょ》の〝平等のための行進〟の決定的な〝救世《きゅうせい》の日〟とすることであります。

あらゆる偏見《へんけん》を取《と》り除《のぞ》いた洗練《せんれん》された平等観というものは、宗教的感覚《かんかく》の妙《たえ》なる法理《ほうり》に則《のっと》るものであります。その平等観が最も民主的な原則として確立《かくりつ》するとき、「世界人権宣言」*は永遠不滅《えいえんふめつ》のものとなることでしょう。

東洋と西洋の融合《ゆうごう》を図《はか》る池田大作氏の賢明《けんめい》なる教訓には、「世界人権宣言」において示《しめ》された高貴《こうき》な理想があります。また、氏が提示《ていじ》する二十一世紀への路線《ろせん》と指針《しし ん》は、人類を恐怖《きょうふ》から解放された世界へと覚醒《かくせい》させ、非差別と平等の尊重《そんちょう》、家庭と家族の安穏《あんのん》によって、その貴き世界を守ることでありましょう。それは、一人の羊《ひつじ》飼《か》いが羊の群《む》れの足並《あしな》みをそろえて導《みちび》く姿《すがた》に似《に》ているといえましょう。

対談という発想は古く、キケロもまた友人たちと対談をしました。歴史をひもとくと、詩人ジョンソンと作家ボスウェルとの有名な対談があります。また前世紀

（十九世紀）には、エッカーマン*とゲーテ*の重要な対談があります。そして、池田氏は、現代の最も著名《ちょめい》なイギリスの歴史家トインビー*と対談しています。

対談は、偉大《いだい》な思想を有《ゆう》する人物が、それぞれの意見を交換《こうかん》し、そのインスピレーション（着想《ちゃくそう》）に富《と》む議論を後世《こうせい》に残す一つの方法です。またそれは、言語と文化が異《こと》なるなかにあっても、つねにそれぞれの社会、政治、経済的特色のなかで生きる国民間の思想を、伝達《でんたつ》し合うことができる形態《けいたい》でもあります。そうした対談が積《つ》み重《かさ》なっていくところに歴史の進路が開かれ、人類の進化の局面を迎《むか》えることができるのです。

その〝対話〟は、次世紀においても思い起こされ、その時代、その空間《くうかん》、その問題性に応《おう》じて、その時の人間たちによって取り入れられていくでしょう。ゆえに、〝対話〟が二十一世紀の将来に大きな影響《えいきょう》をおよぼすことは間違《まちが》いありません。なかんずく、深い思索《しさく》から行動する現代の指導者・池田大作氏との対談は、決して忘《わす》れ去《さ》られることがないばかりか、偉大な進路を切り開いていくことでしょう。

対話によって残された偉大な教訓が引《ひ》き継《つ》がれ、進化する精神に〝連鎖《れんさ》の輪《わ》〟として深く影響することは、近代人類史のなかで、思想家、高度《こうど》な宗教思想の創造《そうぞう》者《しゃ》・池田氏の存在が、まさしく偉大《いだい》であったことの証左《しょうさ》となると思います。

人類は、その誕生《たんじょう》から新しい創造《そうぞう》をつづけてきました。私は、その人類発展の出発点は、地上の楽園《らくえん》においてアダムとイブが禁断《きんだん》の実を食べて、神に背《そむ》いた〝不《ふ》服従《ふくじゅう》〟に見いだすことができると思うのです。そして、そこから人類の決してとどまることを知らない、偉大なプロセスが開始されたのです。

たとえば、数千年の歴史にその名をとどめた『ハムラビ法典《ほうてん》』*、またそれより遥《はる》か後の、十戒《じっかい》*を含《ふく》むモーセの書《しょ》があげられます。同書は『ハムラビ法典』が、より要約《ようやく》されたものですが、同様《どうよう》の秀作《しゅうさく》です。その影響《えいきょう》は今日《こんにち》までおよび、純粋《じゅんすい》なる宗教性をもつその法典は、仏教の場合と同じように、その哲学的概念《がいねん》の結果として、人間と国家の在《あ》り方《かた》に多大《ただい》な影響を与《あた》えました。

前ソクラテス*の時代には、ミレトスのタレス、ソロン、ビアス、キロン、クレオブロス、ピッタコス、ペリアンドロスのギリシャ七賢人《しちけんじん》らが、公《おおやけ》の場で多岐《たき》にわたる問題に意見を戦わせました。それは、ソクラテスとプラトン*の深遠《しんえん》かつ多彩《たさい》な思想と同じインスピレーションにもとづくものだったのです。

現代において考えれば、なんら阿諛《あゆ》、追従《ついしょう》の意図《いと》なく、私は池田大作氏の名をあげたい。池田氏こそ、まぎれもなくアリストテレスの後継者《こうけいしゃ》であると思うからです。アリストテレスは、その偉大《いだい》な著作《ちよさく》からもわかるように、「イデア（理想《りそう》）」によらず、経験的ビジョン「エイドス（形相《けいそう》）」を源泉《げんせん》にして、懐疑《かいぎ》に立ち向かった最初の哲学者です。また、その哲学はその後、プラトン主義に対してアリストテレス主義と呼ばれ、近代自然科学の進歩の重要な要素《ようそ》とされてきました。

二十一世紀という未来の世代の創造的《そうぞうてき》な思想を把握《はあく》するために、過去の世代の哲学の歴史について語ることは、書簡《しよかん》形式の対話の中では冗長《じようちよう》なものかもしれません。しかし、次代《じだい》の創造的な思想は、池田大作氏の指導者としての魂《たましい》に脈打《みやくう》つ、最も鮮明《せんめい》なる理念であることを示《しめ》すためには必要なことなのです。

現代が経験している二十一世紀への進化のプロセスは、「世界人権宣言」のわずか三十条の簡潔《かんけつ》な条文《じようぶん》に示されているとおり、すべての差別を排除《はいじよ》し、〝国家と人間〟を結《むす》びつける新たな時代の到来《とうらい》を示唆《しさ》している、と私には思われるのです。また現代社会の急速《きゆうそく》な発展をうながしている情報からも、かの三十条の条文は、人類のかかえる数々の問題を解決するためにある、と示唆しているように思われるのです。「昨日の革新的《かくしんてき》な理念」（「世界人権宣言」）は、今日《こんにち》進行している調和《ちようわ》と統合《とうごう》への過程《かてい》の根っこになっている、と言えるのではないでしょうか。

人間の生活は停滞《ていたい》してはいません。平和、友愛、和解《わかい》を確保《かくほ》しようとする高潔《こうけつ》な切望《せつぼう》によって、新たな発見への歩みをつづけているのです。平和、友愛、和解は空《くう》虚《きょ》な言葉ではありません。人間と国家に、さらに哲学・科学・芸術の主題に、多大《ただい》な影響《えいきょう》を与《あた》えてきたのです。それは、一つの羊《ひつじ》の群《む》れに、一人の牧者《ぼくしゃ》が至高《しこう》なインスピレーションを与えたことと同じことなのです。

羊の群れとは、すべての差別形態《けいたい》を離《はな》れた全人類のことです。牧者とは、すべてのものが羨望《せんぼう》も嫉妬《しっと》もなく歩むという理想を体現した人のことであり、何千年もの間の障壁《しょうへき》を打《う》ち破《やぶ》る人のことです。

神々は人間と同じように生まれ、そして消えていきます。しかし、真理は永遠《えいえん》の存在として、信仰《しんこう》の理想を求める人がいるかぎり生きつづけます。宗教は最も重大にして高度《こうど》の社会現象《げんしょう》であり、これに気づかない人は、人間の生活が何であるかも理解できないことでしょう。宗教は、真実を求める人間の知性の具現化《ぐげんか》なのです。

アンドロメダ星雲《せいうん》、猟犬座《りょうけんざ》、銀河系《ぎんがけい》、さらに何百万もの他の銀河の運命がいかなるものであろうと、それらすべての宇宙は、二十一世紀において、宗教の分野における偉大《いだい》な哲学的概念《がいねん》によって、明らかにされると言っても過言《かごん》ではありません。

そして池田大作氏は、氏が推進《すいしん》している永続的《えいぞくてき》な改革《かいかく》運動に現《あらわ》れているとおり、深い哲学観に裏《うら》づけられた明快《めいかい》な時代観をもった人であり、その存在は歴史のなかの一つの価値《かち》として数えられ、その運動は時代の進展《しんてん》とともに拡大《かくだい》していくことでしょう。

最後に、こうしたことから考えれば、時間と空間《くうかん》も、永遠《えいえん》へのたんなる象徴《しょうちょう》でしかないことを、ここに書きとどめておきたいと思います。

はじめに

池田大作

南米《なんべい》に〝巨人《きょじん》〟がいる。ブラジルに〝人格の勇者〟が光彩《こうさい》を放《はな》っている――私はかねてから、その人のことを存《ぞん》じ上《あ》げていた。

その名、アウストレジェジロ・デ・アタイデ。氏は、逝去《せいきょ》のその日まで、ブラジルの知性の城、南米最高峰《さいこうほう》の〝言論《げんろん》の府《ふ》〟として、言語文化と文学の発展に寄与《きよ》してきたブラジル文学アカデミー*の総裁《そうさい》を務《つと》められました。〝南米の良心《りょうしん》〟として、世界の人々から高く評価《ひょうか》されていたことは、あらためて申し上げるまでもありません。暗夜《あんや》のごとき現代世界にあって、二十一世紀への確《たし》かな航路《こうろ》を指《さ》し示《しめ》す、〝希望の灯台《とうだい》〟であったと言えましょう。

一八九八年にブラジル・ペルナンブコ州に生まれ、文字どおり二十世紀を生きぬいてこられたアタイデ氏。その生涯《しょうがい》には、不当《ふとう》な権力との闘争《とうそう》が〝魂《たましい》の勲章《くんしょう》〟として輝《かがや》いております。

ファシズムが台頭《たいとう》してきた一九三〇年代。ブラジルでも憲法《けんぽう》を無視《むし》した独裁者《どくさいしゃ》が出現《しゅつげん》する。若くして新聞記者となり、正義のペンを振《ふ》るっていた氏は、敢然《かんぜん》と立ち上がり、護憲革命《ごけんかくめい》運動に身を投《とう》じました。逮捕《たいほ》、そして投獄《とうごく》。三年間にわたる国外追放《ついほう》。だが、ついに、母国《ぼこく》への堂々たる凱旋《がいせん》の日を迎《むか》えております。

一九四八年、第三回国連総会において、人権の不滅《ふめつ》の金字塔《きんじとう》である「世界人権宣言」が採択《さいたく》された折《おり》には、ブラジル代表の一人として、討議に参加し、人権闘争の歴史に、偉大《いだい》なる功績《こうせき》を残しております。この「宣言」の草案《そうあん》の執筆者《しっぴつしゃ》として知られるフランスのルネ・カサン博士*は、一九六八年にノーベル平和賞を受賞されましたが、その折、こう語られております。「この賞は私一人のものではない。ブラジルの偉大な思想家アタイデ氏と分かち合いたい」と。

じつにアタイデ氏は、どこまでも人間を最高に価値《かち》あるものとして尊重《そんちょう》し、その尊厳《そんげん》を守りぬくために生涯を捧《ささ》げられた〝偉大なる人権の守り手〟でありました。その栄光の足跡《そくせき》は、歴史の進展《しんてん》とともに、ますます燦然《さんぜん》と輝いていくにちがいありません。

私が初めて氏にお会いしたのは、逝去《せいきょ》の約七カ月前、一九九三年二月のことでした。満九十四歳とは思えぬ矍鑠《かくしゃく》とした態度《たいど》で、慈悲《じひ》と英知の光を放《はな》つ姿《すがた》に、強く心打たれました。あたかも私の恩師戸田城聖《じょうせい》第二代会長がブラジルで迎《むか》えてくれたような思いがしました。恩師は一九〇〇年生まれ。存命《ぞんめい》ならば、アタイデ総裁《そうさい》とほぼ同じ年齢です。私は深い感慨《かんがい》を禁《きん》じえませんでした。

「人類の幸福をめざし、生命と人間精神を守る献身的《けんしんてき》な行動は、人類を永遠《えいえん》に守る実践《じっせん》であろう」と多大《ただい》なる期待をこめて語ってくださった言葉を、私は、襟《えり》を正《ただ》す思いでうかがいました。

人類の幸福のために献身する――それこそ、私が仏法に巡《めぐ》りあい、今日《こんにち》にいたるまでつらぬいてきた〝恩師の魂魄《こんぱく》〟とも言うべき信条《しんじょう》だったからです。

かねてから互《たが》いに〝何としても会談したい〟と切望《せつぼう》していた二人の思いが実り、〝魂《たましい》の交流〟を重《かさ》ね、対談集を編《あ》む機会《きかい》に恵《めぐ》まれたことは、何よりの喜びであります。

私は、この対談を通じて、氏の最晩年《さいばんねん》にふれる、歴史の証人《しょうにん》たらんと心がけました。と同時に、光輝《こうき》ある二十一世紀、「人権の世紀」を創《つく》りゆく深遠《しんえん》なる思想、哲学の〝精髄《せいずい》〟を、氏とともに未来の青年に贈りたいと念願《ねんがん》しておりました。

現代天文学《てんもんがく》によれば、百数十億年前の「ビッグ・バン」*により、宇宙は壮大《そうだい》なる進化をつづけています。宇宙進化が生命を発生させ、人類の進化の条件をつくり上げました。

人類誕生《たんじょう》以来、四百万年――二十世紀後半の今日《こんにち》、人間の歩みは、〝差別〟から〝平等〟へ、〝束縛《そくばく》〟から〝自由〟へ、〝憎悪《ぞうお》〟から〝慈愛《じあい》〟への「変革《へんかく》の扉《とびら》」を、いよいよ開こうとしています。

悠久《ゆうきゅう》なる人類進化の底流《ていりゅう》を形作《かたちづく》ってきた「宗教」は、まさに「人間」のためにある――今、その宗教は、「黄金《おうごん》の世紀」を開きゆくために何をなしうるのか。宇宙永遠《えいえん》なる「法」を洞察《どうさつ》した仏法は、人類の進歩をうながし、偉大《いだい》なる精神の開花する「人権社会」を創り出すための宇宙観、生命観、人間観を内包《ないほう》しています。仏法者には、仏法の哲理を根本《こんぽん》とした、社会への実践《じっせん》を通して、精神性に裏打《うらう》ちされた「未来社会」を招来《しょうらい》する使命と責務《せきむ》があると言ってよい。ゆえに、私は一人の仏教者として、人類の幸福のために生涯《しょうがい》を捧《ささ》げた、戸田会長の弟子《でし》としての使命の道を、アタイデ総裁《そうさい》とともに歩んでいきたいと願ってきたのです。

さて、総裁と私の使命感と深き縁《えにし》がつくり上げた本書の企図《きと》と構成《こうせい》を紹介《しょうかい》しておきたいと思います。

まず第一章から第三章までは、アタイデ氏をはじめ、人類史を飾《かざ》る〝人権の闘士《とうし》〟――マハトマ・ガンジー*、マーチン・L・キング*、ネルソン・マンデラ*等から、二十一世紀を開きゆく人権闘争《とうそう》のあり方を学ぶものとなっています。それは、非暴力《ひぼうりょく》による尊貴《そんき》なる人間の、権力の魔性《ましょう》との激闘《げきとう》です。

次に、第四章から第六章は、「世界人権宣言」の成立《せいりつ》についての〝真実〟と〝未来性〟を、その採択《さいたく》に重要な役割《やくわり》を果《は》たしたアタイデ氏に語っていただき、人類史に残すことに力点《りきてん》を置いています。ここでは、「世界人権宣言」へと結実《けつじつ》しゆく西洋人権思想の底流《ていりゅう》をなす、ギリシャ哲学、キリスト教の系譜《けいふ》を克明《こくめい》にたどっています。

さらに、第七章から第九章においては、「第一世代」*（自由権）、「第二世代」*（社会権）の人権を基盤《きばん》に、「第三世代」（環境・開発権など）へと展開《てんかい》しゆく人権運動――「二十一世紀の人権」の〝内実《ないじつ》〟を、教育、宗教、平和、環境等の視座《しざ》から照明《しょうめい》しゆくものとなっています。

また、全編を通して私のほうからは、宗教、なかんずく仏教の包含《ほうがん》する「慈悲《じひ》」と「自在《じざい》」と「平等」の精神が、二十一世紀にどのように開花し、人権運動の原動《げんどう》力《りょく》となり、〝光源《こうげん》〟となりゆくかを語り、氏の忌憚《きたん》のないご意見をうかがいました。

なお、本書はリオデジャネイロを訪問《ほうもん》した折《おり》、氏と語り合った内容をベースにして、インタビュー、書簡《しょかん》等によって展開《てんかい》し、それを編集したものです。

アタイデ総裁《そうさい》が入院されたのは、一九九三年八月二十七日、対談のための最後のインタビューから六日後のことでした。入院中、総裁は、医師や看護婦《かんごふ》（現在は看護師）の方に、何度もこう語ったと言います。「私にはやらなければならない大事な仕事がある。早くここを出していただきたい。私は池田会長との対談をつづけなければならないのだ。来《きた》る世紀のためにも対談をつづけなくてはならない」――。

病身《びょうしん》でありながら、なおも未来を見据《みす》え、未来のために語り、戦わんとする〝闘《とう》士《し》〟の姿《すがた》に、私は、胸熱《むねあつ》くなる思いでした。

また、冒頭に掲載《けいさい》させていただいたアタイデ総裁の「はしがき」は、総裁が生前、みずからタイプライターを打ち、つづられたものとうかがいました。高齢《こうれい》のため、使われなくなっていたタイプライターの前に久方《ひさかた》ぶりにすわり、全魂《ぜんこん》をこめて残されたのです。

アタイデ総裁《そうさい》の訃《ふ》報《ほう》に接《せつ》して一年を経《へ》た昨年（一九九四年）八月、氏の長女ラウラ女史《じょし》、ご主人シィッセロ氏、次男ロベルト氏がブラジルからはるばる来日され、親《した》しく懇談《こんだん》させていただきました。その折《おり》、ご一家三人と私の長男・博正《ひろまさ》が座《ざ》談会《だんかい》を開き、語り合った内容が、本書（『池田大作全集　第百四巻』）末に収録《しゅうろく》された「父の肖《しょう》像《ぞう》」です。（本文庫本には収録されていません）

ここでは、家族の目から見た、アタイデ総裁の人間像がより鮮明《せんめい》になるとともに、氏の信念、精神が、後継《こうけい》の人々、若い世代、二十一世紀を創造《そうぞう》する人々に、どのように引《ひ》き継《つ》がれているかが、うかがわれるものとなっています。

最後に、この対談を進めるにあたり、翻訳《ほんやく》の労《ろう》をとってくださったサンパウロ大学の二宮正人教授に、心より感謝申し上げます。微力《びりょく》ながら私も、アタイデ総裁をはじめ世界の先達《せんだつ》が点《てん》じられた「人権」の松明《たいまつ》を、高らかに掲《かか》げて走りつづけることをお誓《ちか》いし、氏のご冥福《めいふく》をお祈りするしだいです。

目　次

一、本書は、著者の了解を得て、潮出版社発刊（一九九五年一月）の単行本ならびに本社発刊の『池田大作全集 第百四巻』に収められた「二十一世紀の人権を語る」を収録したものです。

一、『新編　日蓮大聖人御書全集』（創価学会版）からの引用は（御書　ページ）で示しました。

一、＊印を付した人物・事項等は、巻末に「注解」を設け説明しました。

一、引用文で読みにくい語句ついては、編集部によるルビを付けた個所もあります。

一、引用文中、編集部による注は（　）内の＝の後に記しました。

一、肩書、名称、時節等については、単行本発刊時のままにしました。

二十一世紀の人権を語る

第一章　人権ルネサンスの世紀へ

——「世界人権宣言」の輝《かがや》きとともに

「言葉」を武器《ぶき》としての戦い

池田　「人権の王者」アタイデ総裁《そうさい》とお会いでき、光栄です。また、「ラテン・アメリカ最高峰《さいこうほう》の知性の殿堂《でんどう》」ブラジル文学アカデミーにお招《まね》きいただき、ありがとうございます。

アタイデ　お待ちしておりました。会いたい人にやっと会えました。池田ＳＧＩ（創価学会インタナショナル）会長は、この世紀を決定づけた人です。ブラジルと日本の力《ちから》を合わせれば、不可能《ふかのう》はありません。二人で力を合わせ、人類の歴史を変えましょう。

池田　アタイデ総裁は同志です。友人です。世界の〝宝〟の人です。総裁は「世界人権宣言」を推進《すいしん》したお一人である。世界の歴史の証言者《しょうげんしゃ》であり、創造者《そうぞうしゃ》です。

アタイデ　私たちが「世界人権宣言」の作成に取り組んだとき、皆、笑っていました。信じる人など、だれもいなかった。

「そうした〝宣言〟を、人類はいくどとなく作ってきた。だが、それが守られたことは、一度としてなかったではないか」と。

池田　よくわかります。ちょうど同じころ、私の恩師戸田城聖《じょうせい》創価学会第二代会長が「地球民族主義」を唱《とな》えたときもそうでした。「地球民族主義」とは、すべての人々が、国家や民族の枠《わく》を超《こ》えて、同じくこの地球に生きる「人間」として、連帯《れんたい》していこうという主張です。「人類意識《いしき》」「世界市民」の概念《がいねん》と相通《あいつう》じる発想にもとづいていますが、当時は、まったく評価《ひょうか》されませんでした。「夢物語」にすぎないと――。

しかし、今では、その先見性《せんけんせい》が光っております。

これからは、「人権」の時代です。「人権」が、人類と世界の最重要の課題です。二十一世紀のために、語り合いましょう。

アタイデ　人権の問題について、ここまで理解してくださっているSGI会長と対話できるのは、本当にうれしいことです。

池田　アタイデ総裁《そうさい》は、「人権とは、政治体制や国家制度より優先《ゆうせん》されるべきものである。それは、人間から生《しょう》じる最も崇高《すうこう》な、決して譲渡《じょうと》することができない価《か》値《ち》であり、人間に人間としての特性《とくせい》を与《あた》え、精神的な価値《かち》をもたらすものである」とつづられております。

人権の本質を鋭《するど》くついたお言葉です。最も根本的《こんぽんてき》なことは、一人の人間の尊厳《そんげん》です。一切《いっさい》は、そこから出発しなければならないでしょう。

アタイデ　おっしゃるとおりです。「人権」についての対話では、「差別に対する戦い」が中心になると思います。すべての人間は、平等です。いかなる差別も許《ゆる》されない。絶対に許すことはできません。

池田　釈尊《しゃくそん》の弟子《でし》たちが、仏法に巡《めぐ》りあえた喜びの言葉を集めた経典《きょうてん》『テーラガーター』＊には、「〔われわれは〕すべて、尊《とうと》き師（ブッダ）の子であり、ここにはむだなものはなにも存在しない」（『仏弟子の告白』中村元訳、岩波文庫）とあります。どのような人も尊い仏《ほとけ》の子であり、だれ人も平等に「むだなもの」ではなく、〝かけがえのない〟尊厳なる者であることを、高らかに宣言しています。

また、私どもが信奉《しんぽう》する日蓮大聖人の仏法では「一人を手本として一切衆生平等《いっさいしゅじょう》なること是《か》くの如《ごと》し」（御書五六四ジベー）と、一人の尊厳にもとづいて、すべての人の尊厳を見いだす、根本の「平等」の原理が示《しめ》されています。

ともあれ、「世界人権宣言」の制定《せいてい》から四十五年の佳節《かせつ》を刻《きざ》む意義深《いぎぶか》き年（一九九三年）に総裁《そうさい》と語り合えることは、本当にうれしい。

アタイデ　「世界人権宣言」の精神を最も明快《めいかい》に、現実の行動のうえに翻訳《ほんやく》し、流布《るふ》してくださっているのは池田会長です。作成した人間以上の功績《こうせき》です。人間は「行動」です。ともに、「思想」が大事です。

池田　総裁こそ、まさに「行動の哲学者」です。そこに、私は感動するのです。

アタイデ　私は、ほぼ一世紀を生きてきました。会長が生まれたとき、私は三十歳になろうとしていました。すでに世の中を経験し、さまざまなことを学んでいました。

しかし、これまで生きてきて、これほど「会いたい」と思った人は、初めてです。それが実現したのです。これほどの喜びはありません。会長は「すべての宝をもつ人」です。「すべての正義をもつ人」です。

池田　恐縮《きようしゆく》します。

アタイデ　会長は、人間学と人間性の人であり、精神の指導者です。世界の命運《めいうん》は、会長の行動とともに、しだいに大きく開かれてきました。人類の歴史を転換《てんかん》している方です。みずからの行動で構想《こうそう》を現実化し、具体化してこられた。

池田　総裁《そうさい》の人生は激動《げきどう》の二十世紀とともにありました。そして今、総裁に「二十一世紀への人類の道案内者《みちあんないしゃ》」としての輝《かがや》きを見る思いがします。「人間の王者」であり、「思想の王者」です。

アタイデ　「新しい世紀」が、まもなくやってきます。それは、ブラジルと日本、そして世界にとっての「新しい時代」が、やってくることを意味するのではないでしょうか。

池田　そうです。「新しい時代」をつくるために総裁は戦ってこられた。私も同じです。目的は、人類が幸福に生きる「新しい時代」を開くことです。

アタイデ　きょうは、一人のブラジル人と、一人の日本人の出会いであるかもしれません。しかし、私は思うのです。二つの民族が、今日《こんにち》、私たちを通して出会っているのだ、と。

どちらにも同じ「未来」がある。その共通の「未来」へ、ともに手をたずさえて進もうではありませんか。

池田　総裁の言葉には、「哲学」があり、「信念」があります。「正義の雄叫《おたけ》び」を、

「音楽の響《ひび》き」を私は聞きます。今の言葉を、私は、後世《こうせい》の人類への「遺言《ゆいごん》」と受けとめます。

アタイデ 「言葉」を意味するラテン語の「ウェルブム」とは、同時に〝神〟を意味します。私たちは、この崇高《すうこう》なる「言葉」を最大の武器《ぶき》として、戦いましょう。

池田 仏典《ぶつてん》には「声仏事《こえぶつじ》を為《な》す」（御書七〇八ジペー）とあります。私たちの声が、人々に正義を示《しめ》し、正しい道を進む勇気を与《あた》える。すなわち、〝仏《ほとけ》の振《ふ》る舞《ま》い〟となることを説かれています。また、「言《こと》と云《い》うは心の思いを響かして声を顕《あらわ》す」（御書五六三ジペー）ともあります。わが心にいだく信念、理想を顕した声の響きこそ、時代を変えていく力《ちから》でありましょう。

アタイデ総裁《そうさい》の生《お》い立《た》ち

池田 それでは、まず最初に、日本の青年のために、アタイデ総裁の人となり、ご家族のことなどについて、いくつか質問させていただきたいと思います。まず、総裁《そうさい》が生まれたのはどちらですか。

アタイデ　私はペルナンブコ州カルアル市で生まれました。大西洋に突《つ》き出《だ》した、ブラジルの角《つの》にあたる部分です。家族の健康のために、空気の澄《す》んだこの街に、転《てん》地療養《ちりょうよう》で移《うつ》り住《す》んでいたのです。

一八九八年九月二十五日、私は生まれました。九十五歳になろうとする今日《こんにち》まで、人生のすべてを、この発展途上国《とじょうこく》ブラジルで過ごし、一個の〝生《せい》の証《あかし》〟を立ててきました。私たちの人生と同じように、私たちの子どもたちもまたブラジルを理解し、その発展に尽《つ》くし、貢献《こうけん》することを願っております。

池田　恩師戸田先生は、一九〇〇年の生まれでした。存命《ぞんめい》であれば、総裁と同じ年代です。私には、総裁の足跡《そくせき》が恩師の人生と二重写《にじゅううつ》しに思えてならないのです。恩師の誕生日（二月十一日）を、リオの地で総裁とご一緒《いっしょ》に迎《むか》えることができ、私は感慨《かんがい》深《ぶか》く思っております。

総裁がお生まれになったのは、お国が連邦《れんぽう》共和制に移り、新しい時代を迎えて、約十年後のことでしたね。

アタイデ　そうです。私は生まれたとき、六キログラムもあったそうです。取り上げた助産婦《じょさんぷ》（＝現在は助産師）が驚《おどろ》いて、町中《まちじゅう》に言ってまわったので、多くの人が大きな赤ん坊を見に、押しかけてきたということです（笑い）。陸軍士官《りくぐんしかん》であった祖父は、身長が二メートル近くもあったのですが、私の足をつかんで持ち上げ、「何と大きな子だ」と言ったそうです。もし、私にそのときすでに思考能力《しこうのうりょく》があったならば、偉大《いだい》な誕生《たんじょう》の日であったと感じていたでしょう。（笑い）

池田　おおらかな、また、ほほえましい情景《じょうけい》が、眼《め》に浮かぶようです。

アタイデ　私が一歳のとき、家族とともにセアラ州に移《うつ》りました。フォルタレーザ市のプライーニャ神学校《しんがっこう》に入る前まで、生まれてからの数年間は、十九世紀終わりの、家父長《かふちょう》主義にもとづく純朴《じゅんぼく》な時代と生活のうちに過ぎていきました。

池田　そのころの最も印象深《いんしょうぶか》い思い出は何でしょうか。

アタイデ　父のことをよく覚《おぼ》えています。私の父は、この地で、検事《けんじ》、判事《はんじ》を歴任したのです。三十一歳で高等裁判所《さいばんしょ》判事として、州都《しゅうと》フォルタレーザに転勤《てんきん》となり、公立図書館の館長も務《つと》めました。父は文化水準の非常に高い人で、七、八カ国語を話し、子どもたちの教育にも熱心《ねっしん》でした。たとえば日露《にちろ》戦争のことも、父の説明を通して知ることができました。

池田　日露《にちろ》戦争の勃発《ぼっぱつ》は、一九〇四年（明治三十七年）二月のことです。総裁《そうさい》が五歳のころですね。父上《ちちうえ》は地球の反対側で起こった出来事《できごと》を、わが子に語り聞かせていた。

かつて、駐日英国大使《ちゅうにちえいこくたいし》であったフレッド・ウォーナ氏夫妻《ふさい》と懇談《こんだん》した折《おり》、氏が、子どもをつねに一個の人格としてあつかい、わかってもわからなくても、複雑《ふくざつ》な国際問題を話して聞かせている、という話をうかがったことがあります。こうした父から子への対話は、子どもの心の世界を大きく広げていくのではないでしょうか。

ところで、いちばん悲しかったことは。

アタイデ　非常に小さいころから、愛する人を失《うしな》うという、子どもにとっては恐《おそ》ろしい経験をしました。

まず第一に、まだ四歳だった弟の死でした。ある日のこと、日が暮《く》れようとしているとき、彼は祈《き》禱室《とうしつ》の前で遊んでいました。キリスト教徒の家には、普通、祈禱室があり、いつも、ロウソクが灯《とも》っていました。彼は、火遊びを始め、そのうちに服に火が燃え移《うつ》り、下半身《かはんしん》に大火傷《おおやけど》を負《お》ってしまいました。結局、二十四時間後に亡《な》くなってしまいました。

池田　総裁《そうさい》の悲しみを察《さっ》します。

仏教では、人間の根本苦《こんぽんく》の一つとして、「愛別離苦《あいべつりく》」をとりあげています。すなわち、愛する人と別れなければならない苦《くる》しみです。少年期のそのような体験は、とりわけ深く生命に刻《きざ》まれるものです。

アタイデ　そのときの様子《ようす》は、今もありありと思い出されます。

父は最後の力《ちから》をふりしぼり、みずからの手で死んだ息子《むすこ》を金箔《きんぱく》の柩《ひつぎ》に納《おさ》め、墓穴《はかあな》の奥に息子が消えていくのを見送《みおく》っていました。しかし、墓地《ぼち》から家に帰った父は、力も失《う》せ、深い悲しみにうちひしがれていました。たとえどんなときにも落ち着きを失《うしな》わないと思われた父でしたが、部屋《へや》に閉《と》じこもり、息子の悲劇的《ひげきてき》な死に、ほとんど遠吠《とおぼ》えのように泣《な》いていました。

池田　子どもに先立《さきだ》たれた親の心情《しんじょう》は、私にも痛《いた》いほどわかります。しかし、総裁はその後、弟さんの分も長生《ながい》きをされ、行動しておられる。総裁の力強き人生のなかに、すべての悲しみが今、昇華《しょうか》されているように思えてなりません。

アタイデ　それ以外に、死の悲しみに遭遇《そうぐう》したのは、私が六、七歳のときのことでした。そのころ、いつも一緒《いっしょ》に遊《あそ》んでいた一人の年上《としうえ》の少女がいました。彼女はチョコレートの小箱を抱《かか》えていました。そのチョコレートの匂《にお》いは、今でも思い出されます。

ある日、母は私にこう告《つ》げました。「もうこれからは、エディスフォルツーナ――彼女の名前ですが――と遊んではいけません」と。理由は教えてはくれませんでした。そのときの深い失望《しつぼう》は忘《わす》れられません。

少女は結核《けっかく》にかかっていたのです。当時、結核は、手の施《ほどこ》しようがない病気でした。少女が与《あた》えてくれたあの優《やさ》しさを、私は永遠《えいえん》に失《うしな》ってしまいました。その嘆《なげ》きのなかで、私は、死というものは取《と》り戻《もど》すことのできない不幸な事実である、ということを知ったのです。

池田　私も小学校に入学する前、結核を患《わずら》ったことがあります。病気がちであったせいか、いつも脳裏《のうり》から、生死の問題が離《はな》れることはありませんでした。「死」と直面《ちょくめん》することは、その悲しみ、不安を乗《の》り越《こ》えることによって、生命そのものへの洞察《どうさつ》を深めるものです。私自身は、「生死」への探究《たんきゅう》が、青年時代に巡《めぐ》りあった仏法哲理の確かな体得《たいとく》へと結《むす》びついていきました。仏法では、この「生死」

を「本有《ほんぬ》の生死」、すなわち、「生」と「死」は、生命本来にそなわるものであり、生命の二つの側面《そくめん》であるととらえています。

戸田先生は、人間にとっての生死を、「眠《ねむ》り」と「覚醒《かくせい》」に譬《たと》えてわかりやすく説明していました。人間にとっての「死」とは、一日の活動を終えて、眠りに入るようなものである。そして、睡眠中《すいみんちゅう》に疲《つか》れをいやし、朝、目覚《めざ》め、次の新たな活動に入るように、この世での「生」を終えて、「死」という〝眠り〟に入った生命は、疲れをいやし、生命エネルギーを充満《じゅうまん》させて、ふたたび蘇生《そせい》してくるのだ――と。

仏法の「本有の生死」という考え方は、私の生死観の基調《きちょう》となっています。

総裁《そうさい》の少年期における悲しみの体験も、人生観、生死観の深化《しんか》、確立《かくりつ》へと強い影《えい》響《きょう》をおよぼしていったのではないでしょうか。

アタイデ　はるか昔の出来事《できごと》ですが、鮮明《せんめい》に記憶《きおく》しています。

彼女の最期《さいご》の日のことです。司祭《しさい》が教会の四人の人とともに危篤《きとく》の少女のもとへ行き、終油礼《しゅうゆれい》（カトリックの信者の臨終《りんじゅう》にさいし、身体に香油《こうゆ》を塗《ぬ》る儀式《ぎしき》）を授《さず》け、聖餐式《せいさんしき》（イエスの血と肉をあらわすパンと葡萄酒《ぶどうしゅ》とを会衆《かいしゅう》に与《あた》えるキリスト教の儀式）を行《おこな》いました。

私は自分でも説明のつかない衝動《しょうどう》にかられながら、その一行《いっこう》に加《くわ》わり、司祭が少女に最期《さいご》の慰《なぐさ》めを与《あた》えるのを見ました。

池田　聖職者《せいしょくしゃ》の道を志《こころざ》されたのは、こうした体験からですか。

アタイデ　ええ。そのとおりです。

家に帰った私は、将来、神父《しんぷ》になるという強い意思《いし》を母に告《つ》げました。この事件がきっかけとなったのです。この思いが、私がプライーニャ神学校《しんがっこう》で、八年におよぶ寄宿《きしゅく》生活をつづける原動力《げんどうりょく》になりました。

池田　総裁《そうさい》が、神学校に入学されたのは何歳のときでしたか。

アタイデ　十歳のときのことです。私は聖書の解釈《かいしゃく》について学ぶため、アラム語、ヘブライ語、ラテン語、ギリシャ語、フランス語、英語、サンスクリットを学習する必要がありました。また、宗教面だけではなく、世界への視点《してん》という観点《かんてん》からも、非常に豊富《ほうふ》な知識を蓄積《ちくせき》しました。

十二歳のときには、すでに神学校の文学討論会《とうろんかい》で演説《えんぜつ》をしていました。天文学《てんもんがく》、幾何学《きかがく》、物理学、化学に関心をもっていました。その後、教職課程《きょうしょくかてい》を修了《しゅうりょう》し、二つの高校で教えました。

池田　総裁はたいへんに優秀《ゆうしゅう》な学生であったとうかがっております。

アタイデ　すべての科目において、いつも首席《しゆせき》でした。しかし、多くの場合は、〝学ぶ喜び〟を味わうよりも、首席をとることに喜びを見いだしていました。その反省《はんせい》をこめて、在学中のわが子らに、こう忠告《ちゆうこく》しました。「首席をとるためだけの目的で勉強するな。それでは、ある意味で、教育を不毛《ふもう》なものにし、学生の情緒的《じようちよてき》な発達《はつたつ》を妨《さまた》げてしまう」と。

池田　お子さんたちはホッとされたのではないですか（笑い）。勉強以外では、何に興味《きようみ》をおもちでしたか。

アタイデ　音楽です。じつは、私が音楽愛好家《あいこうか》であることを知る人は、あまりおりません。私は合唱団のリーダー格でした。オルガンの前で、多くの時間を費《つい》やしたものです。

池田　主《おも》にどんな曲を弾《ひ》かれたのですか。

アタイデ　「フーガ」*などです。神学校《しんがつこう》の校長は私の演奏のファンでした。（笑い）こんなエピソードもありました。セアラ州のある高校を訪《たず》ねたときのことです。神父《しんぷ》たちは、賛美歌《さんびか》を歌った後、早く床《とこ》につきます。私はしばらくの間、一人になりました。私は礼拝所《れいはいじよ》に行き、オルガンの前に座《すわ》り、バッハ*の曲を弾きたいという衝動《しょうどう》にかられました。赤いランプが灯《とも》るだけの、ほとんど暗闇《くらやみ》の礼拝所《れいはいじょ》でしたから、オルガンを弾《ひ》けば、夜の穏《おだ》やかな沈黙《ちんもく》を乱《みだ》すことになってしまうという危惧《きぐ》がありました。しかし、ほとんどの修道僧《しゅうどうそう》が、私のオルガンを聴《き》くために礼拝所にやってきたのです。それは、私の無邪気《むじゃき》な誇《ほこ》りを満《み》たしてくれた一時《ひととき》となりました。

池田　素人《しろうと》ですが、私も時折《ときおり》、友人に請《こ》われるまま、ピアノを演奏することがあります。いくつかの曲を作曲もしています。故郷や、恩師を偲《しの》んだ曲です。

アタイデ　それはすばらしい。

聖職者《せいしょくしゃ》からジャーナリストの道へ

アタイデ　神学校《しんがっこう》を去り、リオデジャネイロにやってきてからは、壊《こわ》れていないオルガンは少なく、演奏する機会《きかい》もなくなりました。ずっと後になって、オルガンを購入《こうにゅう》する余裕《よゆう》ができ、自作の曲を公開演奏したりしました。

その後には、ジャーナリストとしての仕事とブラジル文学アカデミーの主宰《しゅさい》の仕事のために、音楽の勉強はほとんどできなくなりましたが、そのおかげで即興《そっきょう》の作曲をするようになり、数多《かずおお》くの曲を作曲しました。

池田 〝一芸《いちげい》に秀《ひい》でる〟と、それだけでこぢんまりとまとまってしまう場合がありますが、総裁《そうさい》はエネルギッシュに、ご自身の多様《たよう》な可能性《かのうせい》を発揮《はっき》してこられた。今でも作曲をなさるのですか。

アタイデ いいえ。時とともに、感興《かんきょう》はわかなくなり、今では、オルガンの前に座《すわ》っても、インスピレーションがほとんどわきません。私の演奏を聴《き》き、喝采《かっさい》してくれた妻を失《うしな》ってからは、オルガン奏者《そうしゃ》としての私の経歴《けいれき》は、永遠《えいえん》に幕を閉《と》じました。

池田 深く胸を打つお話です。ところで、神学校《しんがっこう》をやめ、聖職者《せいしょくしゃ》への道を断念《だんねん》した理由は何ですか。

アタイデ 私自身、司祭《しさい》の道を断念した理由を一言《ひとこと》で説明するのはむずかしいことですが、私は別の人生を歩むことに決めたのです。

神学校で旧約と新約の二つの聖書の問題にも取り組んだのですが、何事にも懐疑《かいぎ》的《てき》であった私は、聖《せい》なる三位《さんみ》一体《いったい》の神秘性《しんぴせい》に疑問《ぎもん》を投げかけ、司祭《しさい》になろうとする使命感を断念《だんねん》してしまいました。また、キリスト教の歴史に、大きな矛盾《むじゅん》も感じていました。このことは、八年間の課程《かてい》を通じて、私を迷《まよ》わせました。

それからずっと後のことになりますが、聖職者《せいしょくしゃ》や宗教に対する私の考え方、さらに子どもの移《うつ》り気《ぎ》が、聖職者への失望《しつぼう》につながったということを、短《みじか》い物語にして記事《きじ》にしたこともあります。

私は、聖職者になることが必然的《ひつぜんてき》であると思われる状況《じょうきょう》にいました。しかし、それが正しい進路なのかという疑問が、私に聖職者になることを断念させたのです。

池田　具体的に決断《けつだん》する出来事《できごと》があったのですか。

アタイデ　ええ。その一つの理由が、十二歳のときの出来事でした。当時、月一回、学生たちが文化センターに集まり、集会が開かれました。

そのとき、私は演壇《えんだん》に立ち、ルイ・バルボーザ*を支持《しじ》し、エルメス元帥《げんすい》*に反対する演説《えんぜつ》をしたのです。その演説を聞くや否《いな》や、校長である司祭は、私に演壇から降《お》りることを命《めい》じました。そして大声《おおごえ》で「神父《しんぷ》は政治活動をしないものだ」とどなられました。

人道《じんどう》主義の立場からものを言うことがなぜ悪いのか——私には理解することができませんでした。

池田　後年《こうねん》の「自由と人権の闘士《とうし》」を彷彿《ほうふつ》させるエピソードです。

アタイデ　私はつねに物事《ものごと》に疑問《ぎもん》をもつ人間でした。あるとき、私が生まれながらにしてもった宗教、すなわちカトリックでは、だれもが、「普遍的《ふへんてき》で最高位《さいこうい》の立場」とされるローマ教皇《きょうこう》の座《ざ》につけるわけではない、ということを知りました。なぜなのか——との疑問が、私の頭にわいてきました。

ともあれ、私は裏切《うらぎ》られたわけです。軍職《ぐんしょく》が聖職《せいしょく》よりも優《すぐ》れたものではないかとも考えました。ヘラクレス橋を渡《わた》り、世界を征服《せいふく》するために出陣《しゅつじん》したナポレオン*のように、自由を求め、夢を見ていたのです。

池田　ジャーナリストとしての道を歩まれるきっかけは何だったのですか。

アタイデ　神学校《しんがっこう》の校長であったキリエルメ・ワッセン神父《しんぷ》に別れを告げ《つ》にいったときのことです。そのとき、神父から私に驚《おどろ》くべき言葉があったのです。

「神学校からお前が出ていくことは、高貴《こうき》な聖職者になれるであろう人を失《うしな》うという意味で損失《そんしつ》であると思う。しかし、お前はジャーナリストに生まれついており、公開の場における演説者《えんぜつしゃ》としての天賦《てんぷ》の才能《さいのう》をもっている」と。

これが、ジャーナリズムと演説を業《なりわい》とする私の人生を決定づけた運命的な言葉となりました。

池田 総裁《そうさい》は、その後、リオデジャネイロに移《うつ》り（一九一八年）、旧首都《きゅうしゅと》の法科大学（現在のリオデジャネイロ連邦《れんぽう》大学）の法律・社会学科に入学され、学位を受けられています（一九二二年）。どのような青年時代だったのですか。

アタイデ 私には、わが国の将来のために尽《つ》くし、その発展に積極的《せっきょくてき》に参画《さんかく》できる機会《きかい》があるかもしれないという、青春時代の夢がありました。その夢は、ルイ・バルボーザによって具体化されました。彼の演説は、当時の自由主義運動に多くの若者をひきつけました。私は、その運動に協力するために、ジャーナリズムに大きな可能性《かのうせい》があると思いました。

二十二歳のとき、「コレイオ・ダ・マニャン」紙の文学評論家《ひょうろんか》であった私に、社《しゃ》主《しゅ》であった有名なエドムンド・ビッテンコウト氏から、*ダンテの没後《ぼつご》六百年を記念する寄稿《きこう》を、一ページにわたって書くように依頼《いらい》を受けました。

池田 私も若き日に、ダンテを愛読《あいどく》しました。トインビー博士と、ダンテについて語り合った懐《なつ》かしい思い出もあります。

アタイデ　彼の人生の最高の名言《めいげん》は、フィレンツェ共和国が、彼に祖国《そこく》へ戻《もど》ることを許可《きょか》したときに発《はっ》した、あの神聖《しんせい》な言葉です。「私は決して戻りはしない」と。最高の詩人ダンテは、高貴《こうき》さをもって、不滅《ふめつ》の言葉を叫《さけ》んだのです。

池田　彼は、自分を追放《ついほう》した悪《あ》しき権力者に決して屈《くっ》しなかった。そして、みずからの悲劇《ひげき》を、偉大《いだい》なる芸術を創造《そうぞう》しゆく力《ちから》に変えていったのです。その崇高《すうこう》な生涯《しょうがい》は時を超《こ》えて光を放《はな》っています。

総裁《そうさい》は、青年時代から今日《こんにち》まで、一貫《いっかん》してジャーナリストの道を歩まれていますね。

アタイデ　すでに七十五年間、勤《つと》め上《あ》げたことになります。ジャーナリストの世界においては、一つの会社で働きつづけた論説《ろんせつ》記者としては、疑《うたが》いなく私が、世界で最長老《さいちょうろう》でありましょう。その会社は、有名なアシス・シャトーブリアンが創設《そうせつ》したディアーリオス・アソシアードス社です。三十年間にわたり、私は、国際政治についてのコラムを書きました。通信社でも論説委員として働きました。

池田　シャトーブリアン氏は、サンパウロ美術館の創立者《そうりつしゃ》としても有名ですね。

氏の言葉に「私の使命は、自分が人々をリードしていくことではない。人々をリードしていく指導者を育てることである」とあります。氏もアタイデ総裁《そうさい》の活躍《かつやく》を喜んでいることでしょう。

アタイデ　ありがとうございます。

父母の思い出、妻のこと

池田　母上《ははうえ》はどのような方でしたか。

アタイデ　母は音楽好きでした。花をつくったり、リオデジャネイロからくる流《りゅう》行《こう》にならって、巧《たく》みに裁縫《さいほう》をしたり、手先《てさき》が器用《きよう》な人でした。

当時、ブラジルの人々は外国の文化に従属《じゅうぞく》させられていました。たとえば、フランスは高品質《こうひんしつ》の香水《こうすい》と高価《こうか》なブドウ酒の供給国《きょうきゅうこく》でした。また、それまでの密接《みっせつ》な関係を反映して、何世紀にもわたる植民地政策《しょくみんちせいさく》の一環《いっかん》として、ポルトガル的教育が提《てい》供《きょう》されていました。

母は陽気《ようき》で笑いを絶《た》やさない人でした。芸術家であり、ピアニストであり、詩人でありました。そして、子どもたちを指導する父を助ける人でした。

池田　これはリオでのスピーチにも紹介《しょうかい》させていただいたのですが、かつてアタイデ総裁《そうさい》は、こう振り返っておられます。

「母をたくましくしたのは、十二人の子どもたちをはじめ、その倍以上の数の孫や、見知らぬ他人の子どもたちを育て、生きる喜びを与《あた》えることを、自分の最大の喜びとしつづけてきたからだと思う」と。

生きる喜びを与えることを、自分の最大の喜びとする——。まことに偉大《いだい》なる母性《ぼせい》の輝《かがや》きです。

先ほどもうかがいましたが、父上《ちちうえ》についてもう少しお聞かせください。

アタイデ　私の人格形成《けいせい》において、最大の影響《えいきょう》は、疑問《ぎもん》の余地《よち》なく、父からのものです。父は私と兄の教師でした。毎日、さまざまなことを教えてくれました。

父は、私が神学校《しんがっこう》に行くことをとても望《のぞ》んでいました。それは私が神父《しんぷ》となり、家族を助けるために、一つの教区をもつことを望んでいたからです。しかし、母はそうではありませんでした。母はとても信心深かったにもかかわらず、すばらしい見解《けんかい》をもっていました。「どんな時代にも、アタイデ家《け》の者が神父《しんぷ》であったことはありません」と。

池田　いつも明るく、いつもわが子を心から理解し、育《はぐく》んでくれた母上《ははうえ》。そして、わが子の成長のために、厳《きび》しくも、深い慈愛《じあい》でつつんでくださった父上《ちちうえ》。家庭の大切さをあらためて感じます。

ところで、お父上は九十五歳、母上は百五歳まで長生《ながい》きされ、長寿《ちょうじゅ》はアタイデ家の財産《ざいさん》であるとうかがっております。その秘訣《ひけつ》は何でしょうか。

アタイデ　アタイデ家の長寿については、何も秘訣はありません。父は、足一つあげて運動したこともありません（笑い）。たばこも吸《す》っていました。父が死んだのは、当時の医学が遅《おく》れていたからです。

ただ、私の場合は少食《しょうしょく》です。昼食《ちゅうしょく》だけで、夕食は取らず、非常にシンプルで健康的なものだけ食べています。「生きるために食べるのであって、食べるために生きるのではない」。これが私の信念です。

池田　現代人への警句《けいく》です（笑い）。ベンジャミン・フランクリン*も、まったく同じ名言《めいげん》を残していますね。
総裁《そうさい》ご自身も、現在九十四歳。今でも一日にコラム二本を新聞に書きつづけ、毎日十六時間働いておられるとうかがっております。総裁ご自身が実行されている健康法、長寿《ちょうじゅ》の秘訣《ひけつ》があれば教えてください。

アタイデ　とくに健康法などありませんが、私は三つのことに気をつけています。一つは、今、申し上げたように、少欲少食《しょうよくしょうしょく》です。二つは、適度《てきど》な運動をすること。就寝《しゅうしん》の前に、かならず千回の足踏《あしぶ》みと腕立《うでた》て伏《ふ》せをします。三つ目は、女性を愛することです。（笑い）

ともかく、私がこの年齢にいたるまで、同じ目的観をもち、仕事に従事《じゅうじ》してこれたのは、私の性格からくるものだと思います。

池田　総裁の生き方そのものが〝健康法〟なのでしょう。ベルクソン*が精神的健康について見事《みごと》な定義《ていぎ》をしています。〝行動への意欲《いよく》をもち、社会生活に柔軟《じゅうなん》に適合《てきごう》しながら、さらに歴史創造《そうぞう》への理想をもつ〟と。（『道徳と宗教の二つの源泉』森口美都男訳、『世界の名著 53』責任編集・澤瀉久敬、中央公論社、参照）

アタイデ　私は政治の世界に入るよう勧《すす》められたこともありますが、政治家になりたいと思ったことはありません。大使《たいし》になるように要請《ようせい》されましたが、大使になりたいと思ったこともありません。

私は現在、社会に対し、かなり大きな影響力《えいきょうりょく》をもっています。ですから、公職《こうしょく》に就《つ》く必要はありませんでした。それは、私自身の努力によって獲得《かくとく》したものです。

池田　総裁《そうさい》は、現在のブラジルの偉大《いだい》な指導者です。あらゆる場所で、あらゆる人から愛され、尊敬《そんけい》されています。

アタイデ　最近、サンパウロの理髪店《りはつてん》で、こんなことがありました。客たちが議《ぎ》院内閣制《いんないかくせい》と大統領制について議論していました。そのとき、理髪店の主人が言いました。「議院内閣制でも大統領制でも、私にはどうでもいいことだ。私が望《のぞ》むことはアタイデ氏が国王になり、ブラジルの面倒《めんどう》をみてくれることだ」と。（笑い）

池田　庶民《しょみん》の声こそ真実です。民衆《みんしゅう》の支持《しじ》を得《え》た人こそ、真の指導者であり、正義の人です。

仏法には、王制誕生《たんじょう》の起《き》源《げん》の説話《せつわ》をのせた経典《きょうてん》があります。そこでは、民衆の信《しん》望《ぼう》を集めた人徳者《じんとくしゃ》が、民衆に奉仕《ほうし》するものとして、王に選出《せんしゅつ》されています。この王は「民主」と呼ばれています。「民主主義」の「民主」です。

アタイデ　一九三二年、初めて政治に関与《かんよ》したとき、私は革命《かくめい》に加《くわ》わり、逮捕《たいほ》されました。そして、亡命《ぼうめい》し、三年間の外国生活を余儀《よぎ》なくされました。異文化《いぶんか》、他国の法制度、国民の行動様式《ようしき》にふれました。私はヨーロッパのほとんどの国を訪《おとず》れ、亡命時代に世界がどのようなものであるかを見ることができました。

池田　偉大《いだい》な人は最大の苦難《くなん》のなかで、自分を高めていくものです。ともかく、信念のために牢獄《ろうごく》に入った人は信頼《しんらい》できます。これは、恩師から教えられた一つの人間観です。

創価学会の牧口常三郎初代会長は戦時中、時の軍国主義権力によって投獄《とうごく》され、獄死《ごくし》しています。戸田第二代会長も、約二年間にわたり、獄中《ごくちゅう》にありました。私自身も無実の罪《つみ》で入獄《にゅうごく》したことがあります。

ところで、総裁《そうさい》は三十四歳で結婚されていますが、奥様はどのような方でしたか。

アタイデ　私の青春時代で、最も幸福な出来事《できごと》は、妻との結婚でした。彼女はたぐい稀《まれ》な美貌《びぼう》と高い知性をもった女性で、あらゆること、たとえばタイプライターを打ち、図書館司書《ししょ》のごとく書籍《しょせき》、書類を整理・ファイルして、私を助けてくれました。私の保管記録《ほかんきろく》は彼女の情熱の結晶《けっしょう》です。彼女はブラジル・ガールスカウト連盟の会長であり、プロ・マテール産科病院の事務局長でもありました。

私にとって彼女がすべてでした。妻の友人が語っていました。「マリア・ジョゼは、アタイデと一心同体《いっしんどうたい》だ」と。なぜなら、妻の口癖《くちぐせ》は――「私はあなた（アタイデ）が聞きたいことを言い、あなたが望《のぞ》むことを望んでいます」ということだったからです。

私は五十一年間の幸福な時を、彼女とともに過ごしました。一時たりとも彼女のことを忘《わす》れることはありません。

池田　すばらしい奥様だったのですね。奥様もまた、総裁《そうさい》とともに生きたその生涯《しょうがい》は、誇《ほこ》りと幸福に満《み》ちていたにちがいないでしょう。

奥様は、七十三歳の誕生日《たんじょうび》を目前《もくぜん》にして亡《な》くなられたとうかがっております。今、もしここに奥様がおられたら、どんな語らいになったでしょう。

アタイデ　妻の死は私の人生で最も悲しい出来事《できごと》でした。決して打ち勝つことができない大きな打撃《だげき》でした。私が彼女を忘《わす》れることがあっても、それは十分か二十分ぐらいのことです。

妻は死の間際《まぎわ》まで、私が公的任務《こうてきにんむ》をそのまま遂行《すいこう》し、平常どおりの生活をつづけるように懇願《こんがん》したのでした。そうした献身的《けんしんてき》な彼女を忘《わす》れることは決してありません。

妻の死から八年がたち、九十五歳に近くなった今でも、われわれの人生そのものであった美しさを、ともに讃《たた》えるために、同じ墓所《ぼしょ》で彼女に会いたいと思っています。彼女の死から後は、私はただこの世での使命を果《は》たすだけです。

ブラジル文学アカデミーの仕事

池田　「この世での使命を果たすだけ」という総裁《そうさい》の言葉には、千鈞《せんきん》の重《おも》みがあります。ブラジル文学アカデミーの総裁としての業績《ぎょうせき》は、貴国《きこく》の歴史、そして、人類の歴史に永遠《えいえん》に刻《きざ》まれる偉業《いぎょう》となるでしょう。

アタイデ　私は、ブラジル文学アカデミーを主宰《しゅさい》して、四十年になります。一日も休むことなくブラジル最大の文学団体、言葉をかえれば、わが国の天才たちの最高の表現の場である団体を運営してきました。私は、当アカデミーを栄《は》えあるものとし、世界で最も権威《けんい》ある団体の一つとしました。また、ブラジル文化センターのあの巨大《きょだい》な建物《たてもの》も建てました。

池田　よく存《ぞん》じております。総裁《そうさい》が現在、目標としていることは何でしょうか。

アタイデ　教育です。次代《じだい》の人材を育成することです。

池田　私も同じです。人類の未来をつくるのは教育です。教育こそ何ものにも優《まさ》る人生の大事業《だいじぎょう》です。牧口初代会長も『創価教育学体系《たいけい》』*を残された教育者でした。また、恩師の戸田第二代会長も教育者です。私も、先師《せんし》、恩師の志《こころざし》を受《う》け継《つ》いで、創価学園や創価大学を創立《そうりつ》し、教育に全力《ぜんりょく》を尽《つ》くしています。

アタイデ　今、私は、カンポス市において、政治家育成のための学校の創設《そうせつ》に尽《じん》力《りょく》しています。政治にたずさわる者は、共同体に誠実《せいじつ》に仕《つか》えることを決心しなければならないし、いかに職務《しょくむ》に従事《じゅうじ》するかを、彼らに教える必要があると信じています。

池田　いかなる事業も、また一国の盛衰《せいすい》さえ〝人〟で決まります。次代を担《にな》う人材の養成《ようせい》は、指導者の最大の責務《せきむ》と言ってよいでしょう。

アタイデ　私は九十四歳という年齢に達し、世界と私の同胞《どうほう》に対し、若者に場所を譲《ゆず》る必要があると言わねばならない時にきていると信じます。それは、若者が、物質的な財産の相続人《そうぞくにん》であるというだけではありません。若者たちが二十一世紀を誇《ほこ》りにできるように、すなわち、一世紀を生きてついに出会った、現代の最も偉大《いだい》な指導者・池田大作氏が望《のぞ》む方向に時代が向かうよう、二十一世紀の世界に対して、真摯《しんし》な誠実《せいじつ》さをもちつづけなければなりません。

池田　大先輩の言葉に恐縮《きようしゆく》します。

ともあれ、人権は、すべてに優先《ゆうせん》する根本的課題《こんぽんてきかだい》です。人権なくして平和もない、幸福もない。二十一世紀が、輝《かがや》かしき「人権の世紀」となるよう、力《ちから》を合わせましょう。戦いましょう。

アタイデ　コンコルド（賛成です）！

第二章

人道《じんどう》の熱き魂《たましい》の系譜《けいふ》

——ガンジー、キング、マンデラの闘争《とうそう》

献詩《けんし》「人道《じんどう》の旗《はた》　正義の道」に託《たく》して

アタイデ　この対話の重要性は、どうすれば人権が正《ただ》しく尊重《そんちょう》されるようになるか。そして、どうすれば二十一世紀において、それがたんなる希望ではなく、現実となるかを示《しめ》すことです。

そのため、「世界人権宣言」を推進《すいしん》した一人である私と池田会長との、この対話の大きな目的は、まずこの希望が、人間の精神史において、どのように実現されてきたかを知ることにあります。

池田　人権獲得《かくとく》のためには、今日《こんにち》まで数知《かずし》れない先人《せんじん》たちの血と汗が流され、幾《いく》多《た》の試練《しれん》への挑戦《ちょうせん》が積《つ》み重《かさ》ねられてきました。

思想・理念の面、行動・運動の面を含《ふく》め、リーダーとなって献身《けんしん》し、戦った人々は、それこそ数えきれないほどです。その一人一人の行動は、きわめて尊《とうと》い歴史として残り、今日の世界の人権意識《いしき》の高揚《こうよう》をもたらしています。

アタイデ　ハムラビ王の時代から現代まで、人類は新しい精神性の構築《こうちく》をめざす英雄的《えいゆうてき》な努力と、偉大《いだい》な戦いをつづけてきました。現代においても、時代を画《かく》するような人物が、いにしえの時代と同様《どうよう》に、この戦いに熱烈《ねつれつ》に参加しています。

池田　そのような人権の闘士《とうし》のなかでも、非暴力《ひぼうりょく》をつらぬきインドを独立《どくりつ》に導《みちび》いたマハトマ・ガンジー。アメリカにおける人権差別撤廃《てっぱい》・公民権《こうみんけん》運動の大指導者であったマーチン・ルーサー・キング博士。＊アパルトヘイトに反対し、南アフリカの黒人解放《かいほう》のために戦うネルソン・マンデラ氏は、ひときわ際立《きわだ》った存在であるといえるでしょう。

アタイデ　同感です。この三人の人物は、まさに人類にとって、真の意味での英雄であり、人権のために戦った闘士として、特筆《とくひつ》に値《あたい》します。

池田　私が、マンデラ氏と語り合ったのは、一九九〇年十月三十一日、東京（聖教新聞社）でのことでした。マンデラ氏が釈放《しゃくほう》された年の秋のことです。すばらしい秋晴れの日でした。

私は、二十八年の獄中《ごくちゅう》生活を耐《た》えぬいたマンデラ氏を、創価大学の学生をはじめ、約五百人の青年とともに、南アフリカの愛唱歌《あいしょうか》「オリサッサ・マンデラ」を歌いながら、万感《ばんかん》の思いをこめて迎《むか》えました。青年たちの真心《まごころ》の歌声に、マンデラ氏はにこやかな笑顔《えがお》で応《こた》えられていました。

アタイデ　感動的な光景《こうけい》が目に浮かぶようです。

池田　マンデラ氏が釈放《しゃくほう》されたのは、一九九〇年二月十一日。氏は、そのとき、七十一歳でした。

私は「人道《じんどう》の旗《はた》　正義の道」と題する詩を、会見《かいけん》の席上《せきじょう》、マンデラ氏に贈らせていただきました。

アパルトヘイトに対するマンデラ氏の闘争《とうそう》は、世界的な評価《ひょうか》と支持《しじ》を得《え》るとともに、同様《どうよう》の戦いを繰《く》り広《ひろ》げる各国の人々に、大きな勇気を与《あた》えています。

出獄後《しゅつごくご》、ただちに精力的《せいりょくてき》に世界を回り、活発《かっぱつ》な行動を開始された。その鉄のごとき信念に、私も深い敬意《けいい》を禁《きん》じえません。

アタイデ　マンデラ氏は、屈《くっ》することなく、牢獄《ろうごく》で長い期間を過ごされた。だからこそ、現在、人権尊重《そんちょう》の世界的な象徴《しょうちょう》となっています。

マンデラ氏が、私を「世界人権宣言」の推進者《すいしんしゃ》の一人であると知ったうえでの出会いは、彼にとっても、また私にとっても、忘《わす》れることのできない瞬間《しゅんかん》でした。

池田　総裁《そうさい》とマンデラ氏がお会いになったのは、一九九一年八月に、氏がブラジルを訪問《ほうもん》したときのことですね。そのときの印象《いんしょう》はいかがでしたか。

アタイデ　私たちは、彼の言葉の謙虚《けんきょ》さにより、希望をさらに強くすることができました。その優雅《ゆうが》な話し方と、ヒューマニズムの反映である生き生きとした表現は、深く心に残るものでした。

池田　同感です。〝本物〟には〝本物の言葉〟があります。本物の〝人格の輝《かがや》き〟があります。それは、一瞬《いっしゅん》の出会いでも強く深く響《ひび》きあうものでしょう。

マンデラ氏への五つの具体的提案《ていあん》

池田　冷戦終結後《れいせんしゅうけつご》、初の開催《かいさい》となったスペイン・バルセロナでのオリンピック（一九九二年）は、百七十四カ国・地域が参加し、盛大《せいだい》に開催されました。この大会には、南アフリカの代表も、じつに三十二年ぶりに晴れればれと参加していました。

開会式の入場行進の模様《もよう》を、私もテレビで見ておりました。南アフリカ共和国の選手団が入場したとき、スタンドで喜びを満面《まんめん》に浮かべ、大きな拍手《はくしゅ》を送っていたマンデラ氏の姿《すがた》が印象的《いんしょうてき》でした。

一昨年（一九九一年）、半世紀にわたりつづいたアパルトヘイトが廃止《はいし》され、その一つの結果としてオリンピックへの出場となりました。世界が大きく希望に向かって回転し始めたことを感じさせる光景《こうけい》でした。

アタイデ　南アフリカは、たしかに、先のオリンピック参加国のなかで、ひときわ目立つ存在でした。マンデラ氏は、〝世界のスポーツの祭典《さいてん》〟に他国と同等《どうとう》の条件で、祖国《そこく》を復帰《ふっき》させたのです。それは、疑問《ぎもん》の余地《よち》なく、長くつづいた人類の差別、不平等の偏見《へんけん》の壁《かべ》を消滅《しょうめつ》させる〝扉《とびら》〟を、開くことになったのです。

池田　私の友人で、キルギスタン生まれの著名《ちょめい》な作家チンギス・アイトマートフ＊氏は、「現代は、新しい建設的《けんせつてき》な人間を求めている。〝反対〟と〝紛争《ふんそう》〟の時代から、新しい建設の時代に全世界が向かっている」と語っています。そして、その「建設的な人」の一人として、ネルソン・マンデラ氏の名前をあげていました。

アタイデ　現代世界の建設は、ネルソン・マンデラ氏や池田会長のような、重要な人物によって行《おこな》われています。そうした人物がもつ「建設《けんせつ》への哲学」「建設への意志《いし》」は、すべての人間が平等で、自由であると宣言できる日が実現するための、決定的要素《ようそ》となるでしょう。

池田　私はマンデラ氏との会談の席上《せきじょう》、五つの具体的な提案《ていあん》をいたしました。

第一に、ANC*（アフリカ民族会議）から、創価大学に留学生を受け入れる。

第二に、南アフリカの芸術家を招《しょう》へいし、民音《みんおん》（民主音楽協会）での日本公演を行い、日本国民に南アフリカ共和国への理解と共感を広げる。

第三に、「アパルトヘイトと人権」展という総合的な展示会《てんじかい》を行い、海外での巡《じゅん》回《かい》を行う。

第四に、「反アパルトヘイト写真展」を日本で開催《かいさい》し、アパルトヘイトの非人間性を広く訴《うった》える。

第五に、アパルトヘイトをはじめとする多様《たよう》なテーマで、「人権講座」を日本各地で開催する。

アタイデ　それはすばらしい。池田会長の五つの提案は、マンデラ氏にとって、みずからが牢獄《ろうごく》で経験した粗暴《そぼう》な取りあつかいに対する〝栄光の見返り〟となることでしょう。

池田　こうした提案《ていあん》の実現を通じて、日本に、世界に、人権への理解を、さらに大きく広げていきたいと思います。

　政治・経済的な交流もたしかに重要です。しかし、それを支《ささ》え、推進《すいしん》する根底《こんてい》の〝波〟をつくるものは、人間と人間を結《むす》ぶ民間交流ではないでしょうか。

　会談から八カ月後の一九九一年六月十六日、創価学会平和委員会が主催《しゅさい》し、ANC、国連反アパルトヘイトセンターの協力を得《え》て、「ヒューマン・ライツ写真展」を、横浜・戸田平和記念館で開催《かいさい》いたしました。開幕《かいまく》の日となった六月十六日は、十五年前、南ア政府の公用語アフリカーンス語の強要《きょうよう》に対する反発《はんぱつ》をきっかけに、二万人にのぼる学生・生徒が抗議《こうぎ》行動を起こしたソウェト蜂起《ほうき》*の日であり、反アパルトヘイトの運動にとって象徴的《しょうちょうてき》な日でした。

　その他の提案についても、順次実施《じゅんじじっし》する予定になっております。

アタイデ　心から期待します。とりわけ、南アフリカの学生が日本で勉強できるということは、平等感を世界に認識《にんしき》させることになります。それは、権力主義を否《ひ》定《てい》した、彼らの高潔《こうけつ》な目的に適《かな》う意義深《いぎぶか》いものです。

獄中《ごくちゅう》を学びの場に変えた〝マンデラ大学〟

池田　マンデラ氏との会談では、氏が獄中にあって、牢獄《ろうごく》を〝マンデラ大学〟とも言うべき、学習の場に変えたという話題になりました。

どこにいても、そこに「教育」の輪《わ》を広げていく。人間としての向上《こうじょう》を求めてやまない魂《たましい》――。これこそ人間の証《あかし》です。

アタイデ　マンデラ氏は、長年にわたる牢獄生活の間に、牢獄を学びの場所に変える術《すべ》を習得《しゅうとく》したのです。暴力《ぼうりょく》と迫害《はくがい》のもとにあって、マンデラ氏は、彼とともに牢獄にあった者を指導する術を知っていました。牢獄を学びの場所に変え、そこから、新しい生活と知恵《ちえ》を生み、新たな精神のあり方を創出《そうしゅつ》しました。

池田　マハトマ・ガンジーもそうでした。「ガンジーが監獄《かんごく》に入ったのが知れると、囚人《しゅうじん》たちの雰囲気《ふんいき》が一変《いっぺん》した。重罪犯《じゅうざいはん》さえも辞儀《じぎ》を正《ただ》した」という証言《しょうげん》があります。

そればかりか、ガンジーは獄中《ごくちゅう》から、詩人タゴール*をはじめ、多くの人々と手紙の交換《こうかん》を通して精神の交流を深め、戦いの指導をつづけました。ガンジーの「人格の力《ちから》」「不屈《ふくつ》の魂《たましい》」を、端的《たんてき》に示《しめ》したエピソードです。

アタイデ　どんなに不正《ふせい》な迫害《はくがい》があろうと、来《きた》るべき世紀に、高い精神的秩序《ちつじょ》を創造《そうぞう》しゆく、使命をもった人間たちの勇気を打ちくだくことはできません。

池田　日本でも、明治維新《いしん》の思想家であった吉田松陰《しょういん》*は、獄中で囚人《しゅうじん》たちを教育しています。「革命《かくめい》」の人は、「教育」の人です。

マンデラ氏は、捕《と》らわれの人々のなかで、それぞれの専門的知識や技術を互《たが》いに教え合う学習の組織をつくり、数々の障害《しょうがい》と戦って、〝勉強する権利〟を拡大《かくだい》していったのです。

アタイデ　マンデラ氏のようなすぐれた人間にとっては、「拘禁《こうきん》」という強制が、かえって〝魂の模範《もはん》の学校〟をつくらせる――〝マンデラ大学〟は、それを力強く証明《しょうめい》しています。

池田　人間を、最も人間らしく完成させていくのが教育です。ゆえに、その本質は、権力・権威《けんい》による〝非人間化〟との戦いにあると言えましょう。
私どもの創価学会は、牧口初代会長も、戸田第二代会長も教育者であり、当初、創価教育学会として発足《ほっそく》しました。「教育」こそ百年先、二百年先の未来をつくる根本《こんぽん》の力《ちから》である。これが私どもの変わらぬ信条《しんじょう》であり、確信です。
アタイデ　あらゆる善《よ》き方向への改革《かいかく》のためには、教育こそが、その死命《しめい》を制《せい》すると言ってよいでしょう。
池田　そのとおりです。私は、マンデラ氏に、こう語りかけました。「一本の高い樹《き》だけでは、ジャングルはできない。他の多くの木々が同じような高さにまで伸びていってはじめて、大きな森の茂《しげ》みができ上がるのではないでしょうか」と。こうした点からも、私はマンデラ氏に、今後の南アフリカの教育事業に対する支援《しえん》を提案《ていあん》したのです。
一九九二年六月にお会いした、南アフリカのデクラーク大統領*（当時）とも、学術・教育の分野における交流の重要性で意見の一致《いっち》をみました。
アタイデ　南アフリカの偉大《いだい》な復活《ふっかつ》は、これまで予期《よき》しなかったすばらしい何かが、出現《しゅつげん》しようとする兆《きざ》しです。

冷戦《れいせん》の終結《しゅうけつ》とソ連の崩壊《ほうかい》の後には、私たちが生きている世界は別のものとなりました。それは、かつて、フランス革命《かくめい》に象徴《しょうちょう》されるような、すべての人間に「平等」と「自由」を保障《ほしょう》するという世界の原則、基盤《きばん》が整《ととの》ったことを意味しています。

「サティヤーグラハ」の実践《じっせん》

池田　マンデラ氏も、キング博士も、マハトマ・ガンジーの思想と実践に強い影響《えいきょう》を受けていることはよく知られています。

マンデラ氏はインドのガンジー記念館*を訪問《ほうもん》した折《おり》に、〝私はガンジー主義者である〟とスピーチしています。

私がお会いしたハーバード大学のコックス教授*（宗教学）も語っていましたが、キング博士の「非暴力《ひぼうりょく》」は、ガンジーからの影響を受けて形成《けいせい》されていきました。ガンジーは世界の非暴力運動の源流《げんりゅう》と言えましょう。

そして、その淵源《えんげん》はインドに誕生《たんじょう》した釈尊《しゃくそん》にまで、求められるのではないでしょうか。

アタイデ　そのとおりです。歴史は多くの場合、仏教にその深い根をもっていますね。

池田　ガンジーが、みずからの運命を百八十度転換《てんかん》してしまった「マリッツバーグ事件」*に遭遇《そうぐう》したのは、南アフリカの地でした。彼はインド人を中心として人権闘争《とうそう》を繰《く》り広《ひろ》げ、「人種差別」と戦いました。この闘争を通して、ガンジーは後の「非暴力主義《ひぼうりょく》」の核《かく》を形成《けいせい》していきました。

日本では、しばしば「非暴力・不服従《ふふくじゅう》」自体が、運動の本質のように思われがちですが、ガンジーはみずからの運動を「サティヤーグラハ*（真理の把握《はあく》）」と呼んでいます。

ガンジーによれば、「非暴力」と「サティヤーグラハ」は、一枚のコインの表裏《ひょうり》のようなものである。にもかかわらず、「非暴力」はどこまでも手段《しゅだん》であり、「サティヤー（真理）」は目的だとしています。その「真理」すなわち「サティヤー」とは、「～であること」、言《い》い換《か》えますと「あるべきすがた」という意味です。人間の「あるべきすがた」、万物《ばんぶつ》の「あるべきすがた」を追求《ついきゅう》したのです。そして、「グラハ」とは〝しっかり握《にぎ》りしめて放《はな》さないこと〟です。

みずからの確固《かっこ》たる信念として、生きる姿勢《しせい》として「体得《たいとく》」することを意味しています。ガンジーは「真理」は永遠《えいえん》であるゆえに、そこから汲《く》みだされる歓喜《かんき》も永遠であると確信していました。

アタイデ　おっしゃるとおりです。

池田　「サティヤー」は「諦《たい》」と漢訳《かんやく》され、仏法でも「真理」を表《あらわ》す言葉です。たとえば、人間の苦悩《くのう》とその解決の原理として説かれた「苦《く》・集《じゅう》・滅《めつ》・道《どう》」の「*四《し》諦《たい》」（四聖諦《しせいたい》）は、「チャトゥル（四つの）・アーリヤ（聖《せい》なる）・サティヤー（真理）」と呼ばれます。

ガンジーは、すべての人が本然的《ほんねんてき》に平等であり、尊厳《そんげん》であるという「真理」を見《み》据《す》え、そこから流れだす、永遠なる歓喜の潮流《ちょうりゅう》にひたりつつ、あらゆる「差別」と戦いました。

ガンジーとともに、民衆《みんしゅう》も「サティヤー」――「永遠なる真理」からわき起こる〝歓喜〟を知っていたがゆえに、文字どおり生命を賭《か》けた「非暴力《ひぼうりょく》」の戦いが可能《かのう》だったのです。

釈尊《しゃくそん》とその弟子《でし》たちも、「四諦《したい》」の実践《じっせん》を通して、永遠《えいえん》なる宇宙の「真理」に根ざして、傲慢《ごうまん》なるバラモン*の権力や、不当《ふとう》な王権の介入《かいにゅう》と戦いました。

「差異《さい》へのこだわり」を超《こ》える道

アタイデ　私たちは「世界人権宣言」の作成に、非常な責任感をもって取り組みました。しかし、この対話の対象《たいしょう》となるであろう、人権についてのあらゆる課題を、身近《みぢか》なところで解決することはできませんでした。そのためには、まだまだ多くのことをなさねばなりません。

池田　日常生活のなかに巣《す》くっている、身分《みぶん》の貴賤《きせん》や貧富《ひんぷ》の差、文化の違《ちが》いなどへのこだわりの心の根には、何があるのか。仏法の知見《ちけん》は、それを見事《みごと》に示《しめ》しています。

釈尊《しゃくそん》は、人間の心に〝見がたき一本の矢〟が刺《さ》さり、その矢によって人間はつき動かされ、苦《くる》しんでいると喝破《かっぱ》しています。経典《きょうてん》には、次のようにあります。

「わたくしはその（生《い》けるものどもの）心の中に見がたき*煩悩《ぼんのう》の矢が潜《ひそ》んでいるのを見た」（『ブッダのことば』中村元訳、岩波文庫）と。

この「矢」とは、「我執《がしゅう》」をさすとされます。「我執」とは、「自我《じが》」（エゴ）への執着《しゅうちゃく》、こだわり、いわゆる〝エゴイズム〟です。

アタイデ　仏教の教えは、すべての者にとって親《した》しみやすいものですね。

池田　難解《なんかい》な教えを、難解なまま話すのは、簡単なことでしょう。しかし、釈尊が、なにより対話を重視《じゅうし》したように、人々に理解されなければ、宗教ではないと言ってよい。

すべての人々の生命の内奥《ないおう》を分析《ぶんせき》した、仏法の九識論《くしきろん》からみますと、この「我執」を特徴《とくちょう》とする心の働きを「*末那識《まなしき》」と名づけています。そして、*世親《せしん》は、この「末那識」は「四煩悩と常に倶《とも》にある」（『唯識三十頌《ゆいしきさんじゅうじゅ》』）、と述べています。「四煩悩」とは、「我癡《がち》」「我見《がけん》」「我慢《がまん》」「我愛《があい》」の四つです。この「四煩悩」が、人種や民族、文化、宗教への「差別意識《いしき》」を生むと説明されます。

①「我癡《がち》」とは、他者に対する〝開かれた心〟〝開かれた自身〟を見失《みうしな》って、みずからの小さく閉《と》ざされた殻《から》（小我《しょうが》）に閉じこもっている状態《じょうたい》を言います。

②「我見《がけん》」は、その閉ざされた小我が、真の自分であると錯覚《さっかく》し、偏頗《へんぱ》な見方《みかた》にこだわりつづけることです。そして、他人との比較《ひかく》を始めるのです。

③「我慢《がまん》」は、その小さな自分が、他人と比較して、同等《どうとう》であるとか、優《すぐ》れているとか、さほど劣《おと》ってはいない、というように慢心《まんしん》におちいってしまうことです。慢の心にはつねに嫉妬《しっと》とか、支配欲《しはいよく》、金銭欲《きんせんよく》、権力欲がつきまといます。そして、みずからの慢に流され、正義を見失い、不正《ふせい》に走ってしまうのです。

④「我愛《があい》」とは、このような煩悩《ぼんのう》に覆《おお》われた自己への執着《しゅうちゃく》です。ここで言う愛とは欲愛《よくあい》のことで、小さな自分を守るための、あらゆる貪欲《とんよく》をさします。このような深層《しんそう》の「差別意識《いしき》」にもとづいて、他の人々への権力・権威《けんい》による支配・強制といった不正義が行《おこな》われるのです。

人種、宗教、民族、文化等のあらゆる領域《りょういき》におよぶ「差別意識」と、その行動の深い生命論的意義《いぎ》とが、ここでは明鏡《みょうきょう》のごとく映《うつ》し出《だ》されています。

アタイデ　二十一世紀を担《にな》う知性の輝《かがや》きを感じます。仏教は、いかなる拘束《こうそく》もなく、すべての人間に通ずる、「正義」という本質的な原則にもとづいている。ゆえに、すべての人類の発展の根本《こんぽん》となりえるのではないでしょうか。

池田　この「我執《がしゅう》」を、現代的な表現で言えば、「差異《さい》へのこだわり」となります。釈尊《しゃくそん》が、〝見がたき一本の矢〟を抜き去れ、と言うのは、「差異へのこだわり」を乗《の》り越《こ》えよ、ということです。

人種差別、民族差別、また他の宗教や文化への偏見《へんけん》、男女、老若《ろうにゃく》などへの差別意《い》識《しき》の根にある、「末那識《まなしき》」という根源的《こんげんてき》エゴイズムを見抜《みぬ》き、打《う》ち破《やぶ》る戦い――そこに抜本的《ばっぽんてき》な「人権闘争《とうそう》」への光源《こうげん》があると思います。

仏法では小我《しょうが》への執着《しゅうちゃく》を打ち破り、かのガンジーもめざした、宇宙究極《きゅうきょく》の「真理」の体得《たいとく》――＊仏性《ぶっしょう》の覚知《かくち》によって発動《はつどう》する「大我《たいが》」に生きる非暴力《ひぼうりょく》・慈悲《じひ》の人間道を教えています。

「大我」に目覚《めざ》めた生命には、「四煩悩《しぼんのう》」に代《か》わって、悟《さと》りの「智《ち》（慧《え》）」の働き、人間が本質的に平等であることを覚知する「＊平等性智《しょうち》」が輝《かがや》きわたると説いております。

現代の世界を覆《おお》う、「差異」ゆえの衝突《しょうとつ》を回避《かいひ》し、「人類共生《きょうせい》」の輝かしき未来を築《きず》くため、仏法の英知に、私は大いなる可能性《かのうせい》をみるのです。

アタイデ　その高い精神性と行動によって、マハトマ・ガンジー、マーチン・ルーサー・キング、ネルソン・マンデラと並《なら》び称《しょう》される、「人権の闘士《とうし》」「現代の偉大《いだい》な人物」の一人に、会長を加えたい。

私は、池田会長を彼らより上位に位置づけたいと思います。なぜなら、全力《ぜんりょく》で活動をつづける会長の高い創造的《そうぞうてき》精神性こそが、新たな世紀の大いなる希望を生み、行動の規律《きりつ》となると確信するからです。

池田　過分《かぶん》なお言葉に心から恐縮《きょうしゅく》します。総裁《そうさい》のご期待に少しでもお応《こた》えできるように、これからも努力してまいります。

第三章

「人間主義」の旗翻《ひるがえ》る世紀へ

――ガンジー主義の源泉《げんせん》・釈尊《しゃくそん》の「人権闘争《とうそう》」

ガンジーとパンディ博士——師弟《してい》の出会い

池田　私はこれまで多くの識者《しきしゃ》の方々と対話を重《かさ》ねてまいりました。「対話」こそ、「未来」を開くカギと確信するからです。そのなかで、アタイデ総裁《そうさい》とインドのパンディ博士のお二人との出会いには、特別の意義《いぎ》を感じています。

アタイデ　それは光栄です。池田会長は、「武力《ぶりょく》」を「対話」へと変え、人類を調和《ちょうわ》へと導《みちび》いておられる。すべての悪の脅威《きょうい》に打ち勝つものは、「対話」による相《そう》互《ご》理解と連帯《れんたい》の力《ちから》であることを、「行動」をもって教えてくれています。

池田　「行動」の人か否《いな》か——この一点が、人間をみる基準《きじゅん》でしょう。八十七歳のパンディ博士も、一貫《いっかん》して「行動」の人です。

博士は、ガンジーの直弟子《じきでし》であり、ニューデリーにあるガンジー記念館の副議長をされています。一九九二年に、インドと日本でお目にかかりました。

総裁と博士は、私の恩師戸田城聖《じょうせい》先生と同時代のお生まれです。そして、恩師がそうであったように、民衆《みんしゅう》のため、人権のために戦い、それゆえに不当《ふとう》な権力によって獄《ごく》につながれた〝闘士《とうし》〟です。しかも、すべてを乗《の》り越《こ》えて、新たな時代を開かれた。

お二人は激動《げきどう》の二十世紀を生きぬいてこられた〝歴史の証人《しょうにん》〟であり、〝人類の宝〟とも言うべき存在です。こういう方を顕彰《けんしょう》せずして、人間の道はありません。

アタイデ　人間、だれが偉いか――不当な権力と戦い、人間の尊厳《そんげん》を守った人こそ偉大《いだい》です。今世紀を際立《きわだ》たせる戦争と革命《かくめい》は、人類を救《すく》い、困難《こんなん》な道程《どうてい》を克服《こくふく》する方法を教えてはくれませんでした。

しかし、今、われわれの生きた二十世紀を振り返るとき、〝ヒューマニズム〟こそ、完全で絶対的な勝利を得《え》たと言えるのではないでしょうか。〝ヒューマニズム〟は、二十一世紀の最高の精神の指標《しひょう》となるでしょう。

池田　総裁《そうさい》のお言葉ゆえに、重い一言《ひとこと》です。

ところで、パンディ博士との会見では、ガンジーとの最初の出会いが話題になりました。博士はその日時《にちじ》も、状況《じょうきょう》も、事細《ことこま》かに、しかも感動的に語られました。まことに鮮明《せんめい》な記憶《きおく》でした。

一九二一年、博士は、「サティヤーグラハ（真理の把握《はあく》）」の闘士《とうし》として、非暴力《ひぼうりょく》の戦いを志《こころざ》します。十四歳の若さでした。当時、博士は、詩聖《しせい》タゴールの学園で学んでいました。彼は、タゴールの紹介状《しょうかいじょう》を手に、ガンジーのアシュラム（研修所）を訪《たず》ねる。まさに、歴史の劇の一コマを見るような、出会いの場面です。

アタイデ　どのような語らいがあったのでしょう。

池田　ガンジーは、紹介状を読んで、博士の頭から足の先までをじっとながめる。そして、こう問《と》いかけます。

ガンジー「君はバラモンですか」

パンディ「そうです。バプー（お父さん）」

ガンジー「ここではバラモンの人には、特別の仕事を与《あた》えています。それでもいいのですか」

パンディ「はい」

ガンジー「本当にどんな仕事でもいいですか」

パンディ「何でもやります」

するとガンジーは満足《まんぞく》の表情《ひょうじょう》を浮かべ、博士を、研修所長のもとへやり、「この少年を立派《りっぱ》に育ててあげなさい。明日からトイレ掃除《そうじ》の仕事をさせなさい」と告《つ》げたのです。

なぜ、ガンジーがそうした〝仕事〟をさせたのか――博士は、「非暴力《ひぼうりょく》の闘士《とうし》になるためには、バラモンに生まれ育ったゆえの『優越感《ゆうえつかん》』を排除《はいじょ》しなくてはならないからでした」と。

ガンジーは、社会の最下層《さいかそう》で差別された人々を、「ハリジャン（神の子）」と呼びました。その人々の苦労を知るなかで、人間の〝尊厳《そんげん》〟と〝平等性〟の自覚《じかく》をうながそうとしたのです。

釈尊《しゃくそん》からガンジーに継承《けいしょう》されたもの

池田　またパンディ博士は、ガンジーの精神の源泉《げんせん》について、こう言及《げんきゅう》されていました。

「ガンジーは、釈尊《しゃくそん》のメッセージを実践《じっせん》した人なのです。仏法者である池田会長が、ガンジーの精神をインドで宣揚《せんよう》することによって、釈尊とガンジーがつながることになります」と。

アタイデ　〝人間の本性《ほんしょう》に存在する差別の心は排除《はいじょ》できる〟――池田会長は、この自覚《じかく》を世界に教え、広めています。

池田　一九九二年二月の訪印《ほういん》の折《おり》、ベンカタラマン大統領と会談しました。その折、大統領は〝ガンジーの思想は、釈尊という、いわばインドの大地から出た思想によって形成《けいせい》されている〟と強調されていました。

また、シャルマ副大統領（当時）ともお会いしましたが、副大統領も、かつてガンジーの次のような言葉にふれております。

〝私（ガンジー）は釈尊を最も尊敬《そんけい》している。釈尊は最も偉大《いだい》な平和提唱者《ていしょうしゃ》の一人である。彼の教えは愛の教えである〟と。

アタイデ　人類の新しい精神性、すなわちヒューマニズムの思想は、最も古い宗教の一つである仏教において、すでに創造《そうぞう》されていました。

ゆえに、仏教の教えは、人類の未来の根本的《こんぽんてき》な要素《ようそ》となります。多くの宗教は、仏教の思想からインスピレーション（着想《ちゃくそう》）を得《え》ています。その意味で、仏教の教えは、多くの思想の〝根〟となっている、と言ってよいでしょう。

池田　インドでは、人間の「尊厳《そんげん》」に根ざす「平等」と「自由」の思想が、釈尊《しゃくそん》からガンジーへと継承《けいしょう》され、普遍的《ふへんてき》な人権闘争《とうそう》として花開いたと言えます。

仏教は、あらゆる人々の「平等」と「自由」を説きます。それは、釈尊以前のバラモン教が、聖職者《せいしょくしゃ》を頂点とした世襲的《せしゅうてき》社会階級――これがカースト制度の淵源《えんげん》です*が――にもとづく差別を強調したのと明確《めいかく》な対比《たいひ》をなしています。

釈尊はこう説いています。「生《うま》れを問《と》うことなかれ。行《おこな》いを問え」「生れによってバラモンとなるのではない。（中略）行為《こうい》によってバラモンともなる」（『ブッダのことば』中村元訳、岩波文庫）。ここに言う〝バラモン〟とは、カーストで職業化した聖職者階級ではなく、すべての人々から尊敬《そんけい》される、〝気高《けだか》き者〟〝最高の人格者〟という意味です。

〝行い〟こそ、その人の人間性、人格の現《あらわ》れです。釈尊は、行為によって人は評《ひょう》価《か》され、尊敬されると主張したのです。当時、これ以上に明快《めいかい》な、〝人間解放〟人権尊重《そんちょう》〟の叫《さけ》びはなかったのではないでしょうか。

アタイデ　仏教には他の宗教にはない卓越《たくえつ》した点がありますね。それは、創始者《そうししゃ》である釈尊《しゃくそん》自身の「行動」です。

池田　そのとおりです。総裁《そうさい》は、東洋の宗教である仏教の真髄《しんずい》を、一言《ひとこと》で言《い》い表《あらわ》されました。感銘《かんめい》しました。

アタイデ　当然のことながら、宗教の問題に明るくない人は、「ブッダ、釈尊とはだれなのか、その人生を称《たた》えるのは、どのような理由があるのか」と問《と》うでしょう。

しかし、その問いには即座《そくざ》に答えることができます。釈尊は、キリストの生まれるはるか以前に、人間の生きる道を求め、人々の幸福と平和に献身《けんしん》するため、みずから進んで、王子としての地位、また王子としてのすべての利益を捨てたのです。

池田　ご指摘《してき》のとおり、王位を捨てて、一人の〝沙門《しゃもん》（出家者《しゅっけしゃ》）〟になった釈尊の勇気ある行動は、階級によって抑圧《よくあつ》されていた人々に、きわめて大きな波紋《はもん》を呼び起こしました。

釈尊は、出家前、物質的にじつに恵《めぐ》まれた生活をしていたことが、経典《きょうてん》に記《しる》されています。そのような何ひとつ不自由ない生活を、あえて捨てたのです。

アタイデ　〝社会的階級を打《う》ち壊《こわ》した〟宗教指導者は、釈尊《しゃくそん》が人類で初めてでしょう。前例《ぜんれい》がありません。他のいかなる宗教も、そうした創始者《そうししゃ》をもつものはありません。そこに私は、仏教の偉大《いだい》さをみるのです。

池田　ここで、私が思い出すのは、マーヤー*（摩耶夫人《まやふじん》）が、釈尊を懐妊《かいにん》したときの伝承《でんしょう》です。

父王は、マーヤーのみた夢の意味を、バラモンに問《と》うた。彼らは、「生まれてくる子は、宮殿《きゅうでん》に住むならば、世界を治《おさ》める転輪王《てんりんおう》*となり、もし出家《しゅっけ》すれば、世の人々の迷《まよ》いの覆《おお》いを取《と》り除《のぞ》く仏《ほとけ》になる」と予言《よげん》しました。

この伝承には、当時の人々が、釈尊は、世のすべてを治める〝転輪王〟となると考えていた、という背景《はいけい》があります。しかし、釈尊は王とならず、あえて民衆《みんしゅう》の中に身を投《とう》じて、万人《ばんにん》の根本的《こんぽんてき》な幸福のために戦った。だからこそ、人々の心を強く打ったのです。

アタイデ　宗教において、指導的な地位につき、権威《けんい》・権力を把《つか》むや否《いな》や、理想のためという美名《びめい》に隠《かく》れて、あまりに低俗《ていぞく》な欲望《よくぼう》の追求《ついきゅう》に終始《しゅうし》するという例がありあます。わかりやすく言えば、堕落《だらく》した聖職者《せいしょくしゃ》たちが、高い地位を獲得《かくとく》し、その座に安住《あんじゅう》することを求めたのです。

彼らは、一時の快楽《かいらく》とみずからの権威《けんい》の確保《かくほ》にやっきとなった。一方、釈尊《しゃくそん》はみずから王子という立場を捨て、〝施《ほどこ》しを乞《こ》う身分《みぶん》〟にまでおりていきました。まさに、対照的《たいしょうてき》な行動です。

生命の〝魔性《ましょう》〟との戦い――釈尊の悟《さと》り

池田　釈尊は、なぜ王位を捨てて〝沙門《しゃもん》〟としての生活を選《えら》んだのか――さまざまな視点《してん》からとらえられます。ここでは、「人権」の戦いの観点《かんてん》から考えてみたいと思います。

総裁《そうさい》もよくご存《ぞん》じのように、釈尊の出家《しゅっけ》の動機《どうき》は、生老病死《しょうろうびょうし》という「四苦《しく》」との対決、超克《ちょうこく》にあったとされています。釈尊は、人間存在そのものにつきまとう根源《こんげん》苦《く》を解決し、真に「自在《じざい》」な人生を求めて出家しました。

ではなぜ、王位を捨て去ったのか。釈尊《しやくそん》の心には、変革期《へんかくき》の激動《げきどう》の社会で苦悩《くのう》する民衆《みんしゆう》の姿《すがた》が、つねにあったからではないでしょうか。

釈尊は、民衆と同じ高さから、一人の人間として、「四苦《しく》」の根源《こんげん》にある「真理」をつきとめようとしました。

外なる権威《けんい》、権力、地位、財産、出生等《しゆつしよう》への執着《しゆうちやく》は、真理の探究《たんきゆう》のためには、むしろ障害《しようがい》となると考えたのでしょう。釈尊は、出家《しゆつけ》のさいに、宝冠《ほうかん》や王族の衣服《いふく》を捨て去った。無常なるすべての〝外在物《がいざいぶつ》〟を払《はら》いのけて、「*無所有《むしよう》」の人間として、自己自身の生命――内《うち》なる小宇宙の洞察《どうさつ》へと進んでいったのです。

タゴールの言葉に「古代ギリシャの文明は都市の城壁《じようへき》の内側で育てられた。事実、すべての近代文明は煉瓦《れんが》とモルタルの中で生まれている。（中略）インドにおけるわれわれの文明は森林《しんりん》の中で生まれた」（「サーダナ―生の実現」美田稔訳、『タゴール著作集8』所収、第三文明社）とあります。釈尊もインドの伝統《でんとう》にしたがって、森の中で、思想をきたえ、内なる「*生命宇宙」へと、理性《りせい》と直観《ちよつかん》の光を照射《しようしや》していきました。

一個の人間の「生命宇宙」は、本来、全宇宙をもつつみゆく無限の広がりをもっています。釈尊は、修行《しゆぎよう》によって研《と》ぎ澄《す》まされた英知の光で、この「生命宇宙」を照らしだした。

彼は、信頼感《しんらいかん》や慈愛《じあい》の心とともに、権力欲、権威欲《けんいよく》、物質欲、名誉欲といった、「差別」を生み、自他《じた》の「自由」を奪《うば》う煩悩《ぼんのう》が、生命の奥底《おうてい》から噴出《ふんしゅつ》してくる様相《ようそう》をとらえた。そして、一切《いっさい》の煩悩・エゴイズムと対決しました。*

釈尊《しゃくそん》は、「生命宇宙」に実在する〝魔性《ましょう》〟と戦い、ついに〝魔〟の根源《こんげん》を打《う》ち破《やぶ》って、慈悲《じひ》と智慧《ちえ》に輝《かがや》く永遠《えいえん》なる「宇宙根源の法」と一体化できたのです。多くの*経典《きょうてん》には、その〝魔〟との対決と勝利が、克明《こくめい》に記《しる》されています。*

アタイデ　〝施《ほど》しを乞《こ》う王子〟釈尊の存在と、その教えは、他のいかなる教えも到達《とうたつ》したことのない高みに、人々を導《みちび》きました。釈尊の教えは、当時の曖昧《あいまい》で不安定な社会の状況《じょうきょう》を超えて生まれたがゆえに、絶対的と言えます。

池田　おっしゃるとおりです。「宇宙根源の法」は、人種、民族、出生《しゅっしょう》、階級等の無常なる「差別」を超《こ》えて、すべての人間自身の「生命宇宙」に平等にそなわっています。これを仏法では〝仏性《ぶっしょう》〟と呼ぶのです。

この「宇宙根源の次元《じげん》」において、釈尊は、一個の人間の「本質的平等性」と「自由自在《じざい》なる境地《きょうち》」を悟《さと》り、そこから、人間を差別し、自由を奪う〝魔性〟との戦いへと旅立っていったのです。

釈尊《しゃくそん》の「人権闘争《とうそう》」は、すべての人々の〝苦悩《くのう》〟を超克《ちょうこく》し、歓喜《かんき》を呼《よ》び起《お》こす源《げん》泉《せん》となる「宇宙根源《こんげん》の法」を基盤《きばん》にしていました。彼は民衆《みんしゅう》の真《ま》っただ中《なか》で、八十歳の入滅《にゅうめつ》まで、瞬時《しゅんじ》も休むことなく「闘争」をつづけたのです。

アタイデ　その「闘争」のなかで説きつづけられた、釈尊の教えには、まず「慈《じ》愛《あい》と正義の精神」の偉大《いだい》さへの認識《にんしき》が存在しています。

池田　総裁《そうさい》の洞察《どうさつ》のとおりです。差別や権力欲、暴力《ぼうりょく》を生みだす〝魔性《ましょう》〟との戦いは、「正義と慈愛の精神」による人権闘争です。

アタイデ　二十一世紀において、われわれは進路を見誤《みあやま》ってはなりません。今後も乗り越えられないと思える困難《こんなん》が起こってくるでしょう。しかし、正義の精神と、至高《しこう》なる存在への愛があれば、克服《こくふく》できないものはありません。

池田　崇高《すうこう》なる精神の戦いなくして、歴史の転換《てんかん》はありません。

マハトマ・ガンジーの「真理（サティヤー）」の「把握《はあく》（グラハ）」をめざした非暴力（アヒンサー）の激闘《げきとう》も、正義と愛による精神の戦いでした。それゆえ、ガンジーは「『非暴力』は無限の愛のことであり、無限の愛とは、受難《じゅなん》に耐《た》える無限の能力《のうりょく》のことである」「愛の力は魂《ちから たましい》の力、真理の力と同じである」と述べています。
この「アヒンサー」の源流《げんりゅう》は、釈尊《しゃくそん》の時代に求められます。仏教では、この「アヒンサー」を「不殺生《ふせっしょう》」と呼んで、人間らしさを支《ささ》える五つの基本の戒《いまし》め（五戒《ごかい》）＊の一番にかかげています。

アタイデ　仏教は、理想のヒューマニズムを教えています。人類が未来への目標としてかかげ、実現に向け努力するための模範《もはん》です。仏教には、それが華麗《かれい》なまでに明快《めいかい》につづられています。

池田　釈尊は、民衆《みんしゅう》の無限の可能性《かのうせい》を信じていました。『法華経《ほけきょう》』＊では「如我等無異《にょがとうむい》（我《わ》が如《ごと》く等しくして異《こと》なること無《な》からしめん）」と説かれています。民衆一人一人の仏性《ぶっしょう》を発現《はつげん》させ、自己と等しく仏《ほとけ》の境涯《きょうがい》に高めゆくことを宣言し、生涯《しょうがい》を民衆救済《きゅうさい》に捧《ささ》げたのです。

釈尊が「不殺生」としてかかげ、ガンジーが、「非暴力主義《ひぼうりょく》」の運動として展開《てんかい》した「アヒンサー」は、民衆と「同苦《どうく》」しつつ、その苦を打《う》ち破《やぶ》る〝慈悲《じひ》〟の実践《じっせん》でした。

その戦いは、豊潤《ほうじゅん》にして広大《こうだい》な民衆の精神を土壌《どじょう》としていました。ゆえに、ガンジーは「非暴力《ひぼうりょく》には敗北《はいぼく》はない」を非暴力の公理《こうり》の一つとして挙《あ》げ、「私は手におえない楽観《らっかん》主義者である。私の楽観主義は、人間ひとりひとりに非暴力を展開《てんかい》させる無限の可能性《かのうせい》が備《そな》わっているという信念によるものである」（『《ガンジー語録》抵抗するな・屈服するな』古賀勝郎訳、朝日新聞社）と、悠然《ゆうぜん》と語ることができたのです。

「人間」を愛し「人間」を信じること

アタイデ　釈尊《しゃくそん》の教えは、人間に対する愛、さらに、「貧《まず》しき人々や、人類の未来を託《たく》す子どもたちに、幸福と利益と安寧《あんねい》をもたらそう」という使命感を呼びさまします。

池田　平等な人間愛にもとづく慈悲《じひ》の実践《じっせん》は、差別され、自由を奪《うば》われ、貧困《ひんこん》や抑圧《よくあつ》にあえぐ苦悩《くのう》の人々との「同苦《どうく》」から出発します。

*『勝鬘経《しょうまんきょう》』には、在家《ざいけ》の一婦人・勝鬘夫人《ふじん》が釈尊に対して、次のような誓《ちか》いを立

てたことが記《しる》されています。

〝私は、孤独《こどく》の人、拘禁《こうきん》され自由を奪《うば》われた人、病気に悩《なや》む人、災難《さいなん》に苦《くる》しむ人、貧困《ひんこん》の人を見たならば、決して見捨《みす》てません。必ず、その人々を安穏《あんのん》にし、豊かにし、苦しみから救《すく》っていきます〟と。

最も苦しんだ人、最も虐《しいた》げられた人こそ、最も強く、最も幸せになる権利があると信じます。また、そうした人々のために献身《けんしん》する人生は尊《とうと》い。その人の生命は輝《かがや》き、充実感《じゅうじつかん》に満《み》たされるでしょう。

アタイデ　私の身近《みぢか》には、「同苦《どうく》」と「献身」という崇高《すうこう》なる実践《じっせん》の好例《こうれい》があります。

それはわが家《や》の、二人の若い家政婦《かせいふ》さんです。彼女たちは、ブラジルＳＧＩに入会し、仏法を信仰《しんこう》しています。私は、彼女たちに信仰を始めた動機《どうき》を尋《たず》ねました。彼女たちは「他の宗教は、私たちの魂《たましい》を満足《まんぞく》させてはくれませんでした。私たちは、探《さが》し求《もと》めていたものを仏法に見いだしたとき、はじめて疑問《ぎもん》が消えました。今、幸せを感じています」と語っていました。

彼女たちは、〝魂の安らぎ〟〝人類がともに幸福に暮《く》らせる気高《けだか》い価値観《かちかん》〟を、池田会長の教えから得《え》ることができた、とうれしそうに話してくれました。

池田　あたたかなご理解、感謝いたします。地理的には日本と最も離《はな》れているブラジルでも、多くのSGIメンバーが活躍《かつやく》しております。

無名《むめい》の庶民《しょみん》による自覚《じかく》の行動こそ尊《とうと》い。人間の偉大《いだい》さは行動にある——これが仏法の真髄《しんずい》です。

日蓮大聖人も、「日蓮は安房《あわ》の国・東条片海《とうじょうかたうみ》の石中《いそなか》の賤民《せんみん》が子なり威徳《いとく》なく有徳《うとく》のものにあらず」（御書八八三ジペー）と、ご自身が庶民であることを、高らかに宣言されました。

アタイデ　国籍《こくせき》や出生《しゅっしょう》にかかわりなく、人間は人間であるという事実によってのみ、崇高《すうこう》な責任を負《お》うのです。

自由と平等を求め、差別と戦いゆく努力が、全人類の守るべき義務《ぎむ》として刻印《こくいん》されたのは、仏教のおかげです。仏教は理想主義の活力《かつりょく》となっています。

池田　ガンジーは「アシュラム（研修所）」の中で、カーストや社会的地位を超《こ》えて、すべての人々に平等でした。釈尊《しゃくそん》の教団（サンガ＝共同体）においても、すべての人がそれまでの社会的地位、身分《みぶん》、出生に関係なく、まったく平等でした。彼らは平等な社会のモデルを、まず教団という〝共同体〟の中に築《きず》き、平等と自由の精神が、その共同体から全社会へと広がることを期待しました。

日蓮大聖人は、仏法の精神にもとづく理想社会の建設《けんせつ》を論《ろん》じた『立正安国論《りっしょうあんこくろん》』を、時の最高権力者に書きおくっています。苦《くる》しみに満《み》ちた現実社会に、釈尊《しゃくそん》以来の理想を実現するため、権力と真正面《ましょうめん》から戦ったのです。そのために、数々の迫害《はくがい》を受けることになりました。

大聖人は、『立正安国論』において、国家を超《こ》えた〝普遍的価値《ふへんてきかち》〟〝人類的価値〟を志向《しこう》されていました。その〝普遍的価値〟とは、一次元《いちじげん》で言えば、人類共通の「権利」である、自由、平等、連帯《れんたい》、平和に通じゆくものと言えます。

アタイデ　その戦いを継《つ》ぐ池田会長は、どうすれば、身近《みぢか》な生活のなかで、人権の侵害《しんがい》がなくなるか、また、どうすれば、平和、平等、正義を創造《そうぞう》することができるか、この点をつねに語り、行動をつづけておられる。

池田　私は、「人間」を愛し、「人間」を信じています。どこまでも「人間主義」を進んでいきたい。民衆《みんしゅう》に苦悩《くのう》をもたらす、あらゆる「差別」と戦い、すべての人が「人間」らしく生きられる世界を築いていくことが、次の世代への私たちの責務《せきむ》です。

そのために、私はアタイデ総裁《そうさい》をはじめ、世界の優《すぐ》れた識者《しきしゃ》・知性と対話を積《つ》み重《かさ》ねつつ、人類の幸福のためのネットワークを構築《こうちく》してまいりました。

アタイデ　そこに私は、希望をみるのです。仏教の偉大《いだい》なる教えは、池田会長ご自身の行動に、すべて具現《ぐげん》されています。会長は、人間の自由、平等、信仰《しんこう》のための偉大な闘士《とうし》です。不可能《ふかのう》を可能とし、さらに希望と確信に変えてくださった。偉大なる変革《へんかく》の〝頂点〟に生きているという確信を、われわれに与《あた》えてくれています。

それゆえに、すさまじい速さで変化する不確実《ふかくじつ》な社会、政治、経済のなかにあっても、私たちは光輝《こうき》満《み》つ「人権の世紀」の到来《とうらい》を期待できるのです。

第四章

「人道」と「平和」の世界への「大光《たいこう》」

――「人権の大憲章《だいけんしょう》」＝「世界人権宣言」をめぐって

第二次大戦の悲劇《ひげき》を繰《く》り返《かえ》さぬために

池田　この章から、いよいよ「世界人権宣言」をめぐって、語り合いたいと思います。

「世界人権宣言」は、人類の永遠《えいえん》の規範《きはん》です。その採択《さいたく》から、すでに四十五年の歳月《さいげつ》を経《へ》ましたが、「人権」は、人類にとって、つねに大きな課題でありつづけました。

アタイデ総裁《そうさい》は、「世界人権宣言」の作成に重要な役割《やくわり》を果《は》たされました。そして、「人権」の大切さを、今なお人々に訴《うった》えつづけておられる。まさに、「世界人権宣言」の精神を伝える〝語部《かたりべ》〟です。

アタイデ　これまでも、フランスやアメリカなどに〝人権宣言〟*はありましたが、世界のどの国にも通じ、すべての人間の尊厳《そんげん》が保障《ほしょう》されるための宣言――それが「世界人権宣言」です。

池田　この宣言は、第二次世界大戦の悲劇《ひげき》を繰《く》り返《かえ》してはならないという、世界の人々の〝平和を求める心〟の結晶《けっしょう》として、つくり出されたものですね。

アタイデ　そのとおりです。これまで世界の民衆《みんしゅう》は、人権をしばしば無視《むし》され、侵害《しんがい》されてきました。とくに〝人類史上最大の戦争〟であった第二次世界大戦は、人権に対する組織的かつ暴虐的《ぼうぎゃくてき》な侵害行為《しんがいこうい》であり、前代未聞《ぜんだいみもん》の惨禍《さんか》をもたらしました。

池田　日本の軍国主義は、アジア・太平洋諸国の人々に、はかりしれない苦《くる》しみを与《あた》えてしまいました。

ヨーロッパでは、ナチス・ドイツ、またムッソリーニに支配《しはい》されたイタリアが、周辺《しゅうへん》諸国を侵略《しんりゃく》し、人権を蹂躙《じゅうりん》しました。断《だん》じて忘《わす》れてはならない歴史です。

アタイデ　広島と長崎に象徴《しょうちょう》されるように、全人類の運命さえ危険《きけん》にさらした、この「戦争」から得《え》た教訓は、核戦力《かくせんりょく》使用の可《か》能性《のうせい》を排除《はいじょ》することであり、新たな戦争を絶対に防止《ぼうし》せねばならない、ということでした。そのために、どうしても全人類に警告《けいこく》を発《はっ》する必要があったのです。

人間は国籍《こくせき》や法律とは無関係に「人間」であるという事実によって、かけがえのない権利を有《ゆう》しており、万国的《ばんこくてき》な保護《ほご》を受けなければならないのです。

池田　過日《かじつ》（一九九三年一月三十一日）、ロサンゼルス滞在《たいざい》の折《おり》、私は*ホロコーストの惨劇《さんげき》を展示《てんじ》した、*サイモン・ウィーゼンタール・センターの「*寛容《かんよう》の博物館《はくぶつかん》」を訪《おとず》れました。再現《さいげん》された*アウシュヴィッツ強制収容所《きょうせいしゅうようじょ》の鉄門、ガス室……。〝人間は、同じ人間に対して、どうしてここまで残虐《ざんぎゃく》になれるのか〟――。

私は、その非道《ひどう》の歴史に「激怒《げきど》」しました。とともに、未来への深い「決意」をしたのです。

アタイデ　ナチスによるユダヤ人虐殺《ぎゃくさつ》をはじめ、大戦中に発生した異常《いじょう》な残虐行《こう》為《い》は、人類に大いなる覚醒《かくせい》をうながしました。

つまり、「『人権』とは、〝人類〟を特徴《とくちょう》づける〝理性《りせい》〟と〝精神的価値《かち》〟の本質であり、人間の最も崇高《すうこう》な特性《とくせい》の発露《はつろ》である。『人権』は、人間の存在と不可分《ふかぶん》である」と。

「人権」を、政治的な体制や方式より高いところに位置づけ、国や時代に制約《せいやく》されることなく、永遠《えいえん》普遍性《ふへんせい》にもとづいて、定義《ていぎ》することが必要です。そして、悲惨《ひさん》な歴史が二度と繰《く》り返《かえ》されないように全力《ぜんりょく》を尽《つ》くさねばなりません。

池田　創価学会の牧口初代会長は、人道《じんどう》と正義のために、当時の軍部政府と戦い、捕《と》らえられ獄死《ごくし》しました。さらに私の恩師戸田第二代会長も、二年間の獄中《ごくちゅう》生活を余儀《よぎ》なくされました。この厳粛《げんしゅく》な事実が、私ども〝人権闘争《とうそう》〟の原点となっています。

アタイデ　まことに意義深《いぎぶか》い原点です。仏教、なかんずく池田会長に引《ひ》き継《つ》がれた思想――つまり、人間への差別を断《だん》じて許《ゆる》さないとする立場――が尊重《そんちょう》されるとき、二十一世紀は輝《かがや》かしい栄光の世紀となるでしょう。

池田　私事《わたくしごと》で恐縮《きょうしゅく》ですが、「寛容《かんよう》の博物館《はくぶつかん》」訪問《ほうもん》の折《おり》、「人類愛国際賞」を頂戴《ちょうだい》しました。私はその栄誉《えいよ》を、二人の恩師に捧《ささ》げる思いでお受けしました。とともに私の胸には、未曾有《みぞう》の惨禍《さんか》を乗《の》り越《こ》えて、世界の民衆《みんしゅう》の人権を守るために戦った幾多《いくた》の先人《せんじん》への、万感《ばんかん》の思いが沸《わ》き上《あ》がっておりました。

アタイデ　よくわかります。何より人間が「人権宣言」の主役です。悲惨《ひさん》な戦災《せんさい》の現実を目《ま》のあたりにして、「人権宣言」の作成に取り組んだ各国の代表たちは、みずからの責任の重大《じゅうだい》さとともに、「人権宣言」の内容を決定するという作業《さぎょう》が、人類の未来のためにどれほど大きな役割《やくわり》を担《にな》っているかを、十分に認識《にんしき》していました。

池田会長は、ご自身の〝偉大《いだい》な精神性〟によって、「人権宣言」を崇高《すうこう》な地位に高められています。

われわれは、ともに同じ理想を共有《きょうゆう》しています。自身の理念に立脚《りつきゃく》しつつ、「世界人権宣言」の永遠不可侵性《えいえんふかしんせい》を守りぬくことを誓《ちか》いあう同志でもあるのです。

ルーズヴェルト夫人《ふじん》、カサン博士との友情

池田　では、具体的に歴史をたどりながら、「世界人権宣言」採択《さいたく》と、アタイデ総裁《そうさい》の活躍《かつやく》について、話題を進めたいと思います。

アタイデ　わかりました。

第二次世界大戦で、連合国の勝利がほぼ確定《かくてい》したとき、アメリカ・サンフランシ

スコに、各国の大統領や政治家が集まり、会議がもたれました。（サンフランシスコ会議）

ここでは、「国連憲章《けんしょう》」＊の草案《そうあん》が討議《とうぎ》され、会議の最終日である六月二十六日に調印《ちょういん》、同年十月に発効《はっこう》しました。

「憲章」の第一条第三項では、国際連合の深遠《しんえん》な役割《やくわり》の一つとして、「国際社会でのさまざまな人道的《じんどうてき》問題を解決し、種々《しゅじゅ》の差別をなくして基本的人権を尊重《そんちょう》するため、国際協力を達成すること」（要旨《ようし》）が述べられています。

池田　総裁《そうさい》は、「国連憲章」の意義《いぎ》について、明快《めいかい》に語っています。

「『国連憲章』は、人権を一国の問題ではなく、国際的な問題とすることにより、国家に積極的《せっきょくてき》な法的義務《ぎむ》を課《か》した。このことは、第二次世界大戦中に多くの犠牲《ぎせい》を払《はら》って得《え》た〝勝利〟のなかで、最大の〝勝利〟である」と。

世界各国の人々が、さまざまな差異《さい》を乗《の》り越《こ》えて、〝人類〟という普遍的《ふへんてき》立場から、人権と自由の尊重を保障《ほしょう》しようとしたことは、画期的《かっきてき》な出来事《できごと》でした。

アタイデ　「国連憲章」では、「平和と正義を愛し、大切にすることを共通点とする国々の共同体＝国連」によって、最も直接的な目的であり、最も強固《きょうこ》な論理的《ろんりてき》基盤《ばん》である、「人類の基本的な権利に関する宣言＝『世界人権宣言』」を作成することを志向《しこう》しています。

池田　「憲章《けんしょう》」の第六二条では、国連の経済社会問題を担当する機関《きかん》（経済社会理事会）で、人権の尊重《そんちょう》と伸張《しんちょう》のために、条約案《じょうやくあん》を作成し、国際会議を招集《しょうしゅう》することが定《さだ》められています。

この条文《じょうぶん》の主旨《しゅし》を踏《ふ》まえた、「憲章」六八条の「人権の伸張に関する委員会の設《せっ》置《ち》」についての条項《じょうこう》にしたがって、一九四六年六月二十一日の国連経済社会理事会で、設置されたのが人権委員会です。

この人権委員会が中心となって「世界人権宣言」が起草《きそう》されました。そして、採《さい》択《たく》までに、条文検討《けんとう》のための第三委員会、採択の場となった国連総会など、各種の会議が開催《かいさい》され、各国の代表が英知を結集《けつしゅう》し、検討に検討を重《かさ》ねました。

アタイデ　池田会長のお話をうかがううちに、当時の様子《ようす》があざやかによみがえってまいりました。

人権委員会の十八人のメンバーの中には、アメリカ大統領夫人《ふじん》のエレノア・ルー*ズヴェルト女史《じょし》がいました。

池田　ルーズヴェルト女史《じょし》については、私も、創価大学、創価女子短期大学の学生に、その人となり、また活動を紹介《しょうかい》したことがあります。

アタイデ　そうですか。ルーズヴェルト女史に対しては、世界中の人々が深い尊《そん》敬《けい》の念をいだいていました。

池田　かつて対談した〝アメリカの良心《りょうしん》〟故《こ》ノーマン・カズンズ氏*も、彼女の印《いん》象《しょう》を、こう述べていました。

「彼女を知っている人──そして彼女を見た人──は誰しも、こんなに美しい人を見たことがないと感じた。エレノア・ルーズベルトから、わたしは人間の慈悲《じひ》と憐憫《れんびん》の力《ちから》について、実《じつ》に多くのことを学んだ」(『人間の選択』松田銑訳、角川書店）と。

彼女は、若いころ、器量《きりよう》に恵《めぐ》まれないと思いこみ、生涯《しょうがい》、独身《どくしん》で過ごそうと考えていたようです。また、社交界《しゃこうかい》でその容貌《ようぼう》をからかわれるようなこともあったとも聞きます。

しかし、人間の真の美しさは、内《うち》から発《はっ》する輝《かがや》きです。世界の尊敬を集めた彼女の姿《すがた》は、それを証明《しょうめい》しています。

アタイデ　彼女は、だれからも尊敬されました。彼女が参加していた第三委員会の各委員をはじめ、国連の人々、そして、パリの街角《まちかど》の人々からも。

当時、彼女がソルボンヌ大学で人権に関する講演《こうえん》を行《おこな》ったとき、数百人の聴衆《ちょうしゅう》が講堂にあふれ、隣室《りんしつ》まで埋《う》め尽《つ》くしました。しかも、このような人気《にんき》は夫君《ふくん》の名声《めいせい》によるものではありませんでした。

彼女は、ジャーナリストとしても立派《りっぱ》で、その記事《きじ》は、純粋《じゅんすい》で崇高《すうこう》な民主の精神にあふれ、人類の幸福を願う心に満《み》ちていました。世界中の数多《かずおお》くの報道機関《ほうどうきかん》で掲載《けいさい》されていました。

池田　女史《じょし》は、十八人の人権委員会の議長としてもたいへんに活躍《かつやく》されましたね。委員会には、フランスのルネ・カサン博士をはじめ、ベルギー、ノルウェー、ペルー、インド、中華民国のほか、ユーゴスラビア、ソ連の代表が選出《せんしゅつ》されていました。

アタイデ　カサン博士は、「宣言」の執筆陣《しっぴつじん》の中で、最も著名《ちょめい》な方でしょう。「世界人権宣言」二十周年を記念する一九六八年、彼の「宣言」起草《きそう》の努力、また、「宣言」の理念を広めゆく行動に対し、ノーベル平和賞が贈られています。

博士は、受賞のさい、ジャーナリストを集めた席で、光栄にも、「この賞は私一人のものではない。ブラジルの偉大《いだい》な思想家アタイデ氏と分かちあいたい。それは、二十年前、三カ月にわたって、国連の意向《いこう》を受けて、彼と力《ちから》を合わせてなしとげた、偉大な仕事の成果《せいか》だからです」と述べられました。

池田　人類の未来のために、ともに戦われた〝人権の闘士《とうし》〟の美しき友情に、私も称賛《しょうさん》の拍手《はくしゅ》を送らせていただきます。

さて、人権委員会での起草《きそう》作業《さぎょう》の中心は、フランス、レバノン、イギリスの代表からなる作業部会で行《おこな》われ、フランス代表のカサン博士が三十三カ条の草案《そうあん》を完成させました。

このカサン草案が人権委員会で検討《けんとう》され、いくつかの修正《しゅうせい》を経《へ》て、四八年七月に採択《さいたく》されています。

そして、同年九月、人権委員会の確定《かくてい》草案が経済社会理事会を経て、第三回国連総会へ提出《ていしゅつ》されました。

アタイデ　第三回国連総会には、大戦に参加したすべての国の代表が招集《しょうしゅう》されました。参加国はソ連を含《ふく》め、その政治的見解《けんかい》は、じつに多様《たよう》でした。

第三委員会──アタイデ総裁《そうさい》の活躍《かつやく》

池田　総会では、「宣言」はすぐさま、人権問題を担当する総会直属《ちょくぞく》の第三委員会に送付《そうふ》され、検討《けんとう》が始められました。その議長が、レバノンのチャールズ・マリク氏でした。この第三委員会に、ブラジル代表の一人として、アタイデ総裁が参加されたのですね。

アタイデ　ええ。人権委員会による「人権宣言」草案《そうあん》の条文《じょうぶん》をめぐって、ジュネーブで検討が行《おこな》われました。それについて第三委員会が決定を下《くだ》すことになっていたのです。

第三委員会には、各国の事情、つまり政治・社会情勢《じょうせい》や文化の違《ちが》い、さらに、発展段階《だんかい》の違いから生《しょう》ずる対立がありました。

しかし、いかなる差異《さい》をも乗《の》り越《こ》えて、われわれに希望を与《あた》えてくれたのは、共通の普遍的《ふへんてき》な目的観でした。それは、国連が世界平和の維持《いじ》のため、必要不可欠《ふかけつ》であると主張していた偉業《いぎょう》、すなわち「世界人権宣言」を完成させるということでした。

池田　文化・伝統《でんとう》の異《こと》なる世界各国の代表が一堂に会《かい》して、〝人類のために〟話し合う。まさに世界史上、初めての大偉業でした。それゆえに、困難《こんなん》をきわめたのも事実でした。総裁《そうさい》は、その偉大《いだい》なる事業の、かけがえのない証人《しょうにん》です。

アタイデ　パリのパレ・デュ・シャイヨー（シャイヨー宮《きゅう》）で、「世界人権宣言」の草案《そうあん》を討議《とうぎ》することになった第三委員会の作業《さぎょう》は、たしかに難事業でした。委員会は約三カ月にわたり、八十五回も開かれ、スピーチ数は千回を突破《とっぱ》しました。さらに、修正《しゅうせい》部分の提案《ていあん》は二百件近くの多数《たすう》にのぼりました。

池田　地元の報道陣《ほうどうじん》は、遅々《ちち》として進まない委員会の議事《ぎじ》に対し、痛烈《つうれつ》な批判《ひはん》をあびせる記事《きじ》を発表したこともあったそうですね。

しかし、さまざまな意見の相違《そうい》はあれ、究極的《きゅうきょくてき》には〝世界市民〟であるとの自覚《じかく》と懸命《けんめい》な討議が、人類史に輝《かがや》く金字塔《きんじとう》を打ち立てた。私は、そのご努力に最大の敬意《けいい》を表《ひょう》します。

アタイデ　私たちが実質的《じっしつてき》な合意《ごうい》に達することができたのは、ルーズヴェルト女《じょ》史《し》の熱意《ねつい》によるものと思います。彼女は、不眠不休《ふみんふきゅう》の努力をつづけていました。

池田　貴重《きちょう》な秘話《ひわ》です。女史《じょし》の人格をほうふつさせますね。彼女は、自身の生き方の源泉《げんせん》をこう語っています。

「生きとし生けるものは、動かないということはありません。前進しているか、後退《こうたい》しているかです。人生は、成長がある限り面白《おもしろ》いものです」と。ところでこの会議では、女性の活躍《かつやく》がめざましかったようですが。

アタイデ　国連総会には、各国代表として五十人を上回《うわまわ》る女性が参加していました。そのなかには、インドのネルー首相《しゅしょう》＊の妹君《いもうとぎみ》の姿《すがた》もありました。

第三委員会では、十五人の女性がメンバーでした。このうち、三人は多弁《たべん》であり、十二人は寡黙《かもく》でした。彼女たちは、律義《りちぎ》に毎日出席し、つねに定時前《ていじまえ》には全員が着席《ちゃくせき》していました。マリク議長が木槌《きづち》で机を叩《たた》いて開会を宣言すると、彼女たちは注意深く同時通訳《つうやく》のイヤホンを耳に差しこみ、午前中に三時間、午後に三時間の長丁場《ながちょうば》にわたって、延々《えんえん》と継続《けいぞく》する討議《とうぎ》の内容を、一言《ひとこと》も聞《き》き逃《のが》すまいと、全神経《ぜんしんけい》を集中しているかのように見えました。

人権委員会の議長であったルーズヴェルト女史は毎日出席して積極的《せっきょくてき》に発言しま

した。また、イギリスとドミニカ共和国の女性の代表は、討議《とうぎ》が行き詰《づ》まって重苦《おもくる》しい雰囲気《ふんいき》がのしかかったときに発言して、場をなごませました。ただ世間《せけん》一般の通り相場《そうば》と違《ちが》って、シャイヨー宮《きゅう》で最もかしましいのは男性だったのです。（笑い）

池田　そのときの情景《じょうけい》が、目の前に浮かび上がってくるようです。（笑い）

総裁《そうさい》が提起《ていき》した「第一条」をめぐる論点

池田　さて、このあたりで、「世界人権宣言」に謳《うた》われた条項《じょうこう》をみていきたいと思います。

三十カ条から成《な》るこの「宣言」は、まさに〝人権の大憲章《だいけんしょう》〟とも言うべき内容をそなえています。前文《ぜんぶん》はじつに格調高《かくちょうたか》くこう始まっています。

「人類社会のすべての構成員《こうせいいん》の、固有《こゆう》の尊厳《そんげん》と平等にして譲《ゆず》ることのできない権利とを承認《しょうにん》することは、世界における自由と正義と平和との基礎《きそ》である」（「世界人

権宣言」高野雄一訳、高木八尺・末延三次・宮沢俊義編『人権宣言集』所収、岩波文庫。以下、「世界人権宣言」の引用は同書から）――。

三十カ条の構成《こうせい》は、条項《じょうこう》の半分以上がいわゆる「自由権*」と呼ばれるものから成《な》り立《た》っています。具体的には、第三条で謳《うた》われる生命・身体の安全の権利から、第二一条の参政権《さんせいけん》にいたるまで、市民的、政治的権利に比重《ひじゅう》が置かれています。というのも、日本、ドイツ、イタリア等で、この「自由権」が十分に尊重《そんちょう》されなかったために、第二次世界大戦がひき起こされた、との反省《はんせい》があったからだと言われています。

さらに「宣言」では、第二二条から第二七条において、社会保障《ほしょう》を受ける権利、労働《ろうどう》、生活の保障、教育に関する権利など、いわゆる「社会権*」を規定《きてい》しています。三十カ条の条項すべての〝核《かく》〟となり、基盤《きばん》をなすのが、自由・平等を謳った「第*一条」と、差別の禁止を定《さだ》めた「第二条」です。

ルネ・カサン博士も、この「第一条」と「第二条」を〝建物《たてもの》の土台《どだい》〟に譬《たと》えています。つまり、全条項の〝基調《きちょう》〟となる重要な内容をはらんでいるのです。総裁《そうさい》は、この「第一条」の決定に大いに貢献《こうけん》されましたね。

アタイデ　ええ。世界的かつ万国的《ばんこくてき》な人権法典《ほうてん》である「世界人権宣言」の最終文面を作成するため、私を含《ふく》めた五十五カ国の代表者たちによって、各条項《かくじょうこう》が、厳密《げんみつ》に検討《けんとう》されました。

一つ一つの論議《ろんぎ》は、進取的《しんしゅてき》な正義の精神にのっとり、古代から現代にいたるなかで、人類の英知によって培《つちか》われた多様《たよう》な価値観《かちかん》にもとづいて展開《てんかい》されました。

各種の思想、政治体制、倫理《りんり》・宗教上の規定《きてい》といった、あらゆる角度から、人類に関する最も深遠《しんえん》な概念《がいねん》とは何か、国家と個人ならびに民族間の関係の改善《かいぜん》のためにどうすればよいのか、といった深い次元《じげん》の議論がつづけられました。これは世界の歴史においてかつてない、空前《くうぜん》の出来事《できごと》だったと言えるでしょう。

池田　それぞれの国が、異《こと》なった歴史と〝精神的潮流《ちょうりゅう》〟をもち、政治経済体制の違《ちが》いも重《かさ》なって、「第一条」をめぐる議論は白熱《はくねつ》したとうかがっています。

アタイデ　忘《わす》れがたい場面です。第三委員会の作業《さぎょう》を開始した直後に、各国代表の間で思想的な最初の衝突《しょうとつ》が生《しょう》じたのです。

未来永劫《えいごう》にわたって、すべての国々の政治的、社会的、経済的な規範《きはん》となるべき「世界人権宣言」です。しかし、その大任《たいにん》のために馳《は》せ参《さん》じた各国の代表者間に、思想的な立場の違《ちが》いがありました。その相違《そうい》をあらわにする〝論争《ろんそう》〟に火をつける役割《やくわり》を不肖《ふしょう》、私が果《は》たしたのです。

池田　論議《ろんぎ》を尽《つ》くし、十分な意見の交換《こうかん》があってこそ、「宣言」全体の方向性が定《さだ》まり、そこに新たなコンセンサス（合意《ごうい》）がつくり出されていくものです。ところで、具体的には、どのような論争があったのでしょうか。

アタイデ　第三委員会の最初の会合のときです。そこに、人権委員会の草案《そうあん》として、「すべての人間は、自由であり、かつ、尊厳《そんげん》と権利において平等に生まれている。人間は、生まれながらにして良心《りょうしん》と理性《りせい》が授《さず》けられており、互《たが》いに同胞《どうほう》の精神をもって行動しなければならない」と謳《うた》われた「第一条」が提示《ていじ》されたのです。

しかし、私は、「宣言」が謳い上げている権利を保障《ほしょう》するためには、多くの人に身近《みぢか》な実感をもってとらえられることが必要であり、そのためには「宣言」をあまり抽象的《ちゅうしょうてき》な表現にしないことが重要だと考えました。

そこで、まず前文《ぜんぶん》には、一切《いっさい》の権利を記述《きじゅつ》するのと同様《どうよう》に、人間の権利の〝絶対的な起源《きげん》〟としての〝神〟について記述すべきであると主張しました。

また、「第一条」は、「人間は神の似姿に擬して創られ、良心と理性が授けられたものであるから、互《たが》いに同胞《どうほう》の精神をもって行動しなければならない」とすべきだと提案《ていあん》したのです。

というのも、――すべての人間は自由・平等であり、互いに同胞の精神をもって行動する起源が授《さず》けられている。これらはすべて、「理性《りせい》」と「良心《りょうしん》」に拠《よ》るものです。

そして、この「理性」と「良心」をもつことによって、人間が〝神〟のつくり賜《たも》うた万物《ばんぶつ》のなかで最も高い地位を占《し》める――これが「宣言」の「第一条」の本質であるとともに、根本的《こんぽんてき》な要素《ようそ》であり、その他のすべての内容の源《みなもと》であると信じたからです。

池田　総裁《そうさい》の提案のなかの「似姿」とは、元《もと》はラテン語の「イマーゴー（imago）」です。これは、英語の「イメージ」の語源《ごげん》となる言葉です。したがって、総裁は、時間、空間《くうかん》を超越《ちょうえつ》した普遍不滅《ふへんふめつ》の存在のイメージをそのまま投影《とうえい》して、人間をとらえようとしたわけですね。

一方、草案《そうあん》のなかにある「生まれながらにして」という表現だけでは「生まれてそこから始まる」という時間・空間的な限定《げんてい》のニュアンス（意味あい）が漂《ただよ》うことは否《いな》めません。

総裁《そうさい》が、そのことを敏感《びんかん》に感じとられ、人間の「良心《りょうしん》」「理性《りせい》」は、一個の人間の出生《しゅっしょう》によって始まるものではなく、人間の誕生《たんじょう》以来のものである――時間的・空《くう》間的《かんてき》に〝普遍《ふへん》なるもの〟に根拠《こんきょ》をもつ〝一個人を超《こ》えた、人類普遍のものである〟ことを訴《うった》えられたのではないでしょうか。

アタイデ　そうです。このことは、じつに広く世界の関心を集めました。私どもブラジル代表団は、哲学的・思想的な論争《ろんそう》のために、この提案《ていあん》をしたのではありません。そうではなく、この提案によって、世界各国から集《つど》った、さまざまな民族の意図《いと》に応《こた》えることができると確信したからです。

「宝塔《ほうとう》」とは尊厳《そんげん》なる人間生命

池田　総裁が提起《ていき》された問題は、「世界人権宣言」の基調《きちょう》をなし、全体を方向づける、きわめて重要な事柄《ことがら》ですので、次章以後に、人類の思想史、哲学史をたどりながら、十分に議論を重《かさ》ねていきたいと思います。この章は、最後に、私のほうから、仏法の視座《しざ》を示《しめ》しておきたいと思います。

仏法では、仏《ほとけ》とは〝理法《りほう》を覚知《かくち》する智慧《ちえ》〟、〝人々を温かくつつみこみ、教え導《みちび》く慈悲《じひ》〟を具《そな》えた存在であると説きます。この智慧と慈悲は、「理性《りせい》」「良心《りょうしん》」を支《ささ》える徳目《とくもく》と言えるでしょう。

*大乗仏教の究極《きゅうきょく》では、この智慧と慈悲――確かな「理性」と「良心」――に輝《かがや》く尊厳《そんげん》なる仏が、じつは、すべての人間に内在《ないざい》している本性《ほんしょう》であり、一切《いっさい》の衆生《しゅじょう》に〝仏の生命（仏性《ぶっしょう》）〟が具わることを説き示しました。

この法理《ほうり》を大乗仏教の最高峰《さいこうほう》である『法華経《ほけきょう》』の宝塔品《ほうとうほん》では、「宝塔」の出現《しゅつげん》ということで表《あらわ》しています。

経文《きょうもん》によれば、その「宝塔」は七宝《しっぽう》で飾《かざ》られ、四つの側面《そくめん》から芳香《ほうこう》を漂《ただよ》わせる荘《そう》厳《ごん》なものである。

そして、「宝塔」は大地から湧出《ゆじゅつ》して虚空《こくう》に浮かんだと説かれます。

高さは五百由旬《*ゆじゅん》、縦横《たてよこ》が二百五十由旬と言いますから、一説《いっせつ》によれば、地球の直《ちょっ》径《けい》の半分、あるいは三分の一、四分の一にもあたる、じつに巨大《きょだい》なものです。それが金・銀・瑠璃《るり》・硨磲《しやこ》・碼碯《めのう》・真珠《しんじゆ》・玫瑰《まいえ》という七宝《しっぽう》をはじめ、壮麗《そうれい》な装飾《そうしょく》がほどこされている。

この「宝塔《ほうとう》」が、じつは人間に内在《ないざい》する宇宙大の〝仏《ほとけ》の生命〟の象徴《しょうちょう》なのです。

アタイデ　仏教は、人間に幸福をもたらす生活体系《たいけい》であると考えられます。仏教は、人間の尊厳《そんげん》を輝《かがや》かせゆく〝特性《とくせい》〟を、一人一人が最大限に開くための道を、すべての人に示《しめ》しています。この原則は、仏教の慈悲《じひ》の精神にもとづいていると言えるでしょう。

池田　日蓮大聖人は、『法華経《ほけきょう》』に説かれる荘厳《そうごん》な「宝塔」とは、ほかならぬ〝内《うち》なる尊厳〟を具《そな》えた一個の人間生命そのものであり、そのことを教える仏法を正《ただ》しく実践《じっせん》する人である。

そして、「宝塔」を飾《かざ》る七宝とは聞《もん》・信《しん》・戒《かい》・定《じょう》・進《しん》・捨《しゃ》・慚《ざん》という人間の尊厳性を支《ささ》える七つの徳《とく》であるとされています。

まず「聞」とは、〝正しい仏の教えを聞くこと〟です。正しい法理《ほうり》をよく聞き、理解していこうとする求道心《きゅうどうしん》こそ、すぐれた人格形成《けいせい》の基盤《きばん》となります。

「信《しん》」とは〝正《ただ》しい法を信じること〟です。そこに、正しい生命観、根本的《こんぽんてき》な人間信頼《しんらい》の心も具《そな》わっていきます。

「戒《かい》」とは、〝邪《よこしま》な欲望《よくぼう》に振《ふ》り回《まわ》されることなく、欲望をコントロールして、自己完成へと昇華《しょうか》させていくこと〟です。

「定《じょう》」とは、〝外界《がいかい》の縁《えん》に紛動《ふんどう》されることなく、みずからの信念に心を定《さだ》めること〟です。信念・使命に心を定めて生きぬくとき、真実の知恵《ちえ》も湧《わ》いてきます。

「進《しん》」とは、〝つねに怠《おこた》ることなく向上《こうじょう》の実践《じっせん》に励《はげ》むこと〟。「勇猛精進《ゆうみょうしょうじん》」とも説かれます。勇気を奮《ふる》い起《お》こしての精進、努力こそ、人格完成への原動力《げんどうりょく》です。勇気は知恵に通じ、慈悲《じひ》に通じます。

「捨《しゃ》」とは、〝何事にも、もの惜《お》しみしないこと〟です。また、「捨」とは、〝施《ほどこ》すこと〟である。他の人々のため、社会、人類のために尽《つ》くす――それは、みずからのエゴを打《う》ち破《やぶ》った慈悲の実践にほかなりません。

最後の「慚《ざん》」とは、〝つねに自省《じせい》の心をもち、慢心《まんしん》を起こさないこと〟です。慢心におちいれば、求道心《きゅうどうしん》を失《うしな》い、人間を見下《みくだ》して、差別観にとらわれてしまいます。

この七つの徳目《とくもく》を実践し、社会、人類のために尽くすことによって、〝内《うち》なる尊《そん》厳《げん》〟に輝《かがや》く、人間本来あるべき姿《すがた》が、「宝塔《ほうとう》」のごとく、無限に尊《とうと》い姿として現《あらわ》れるのです。

「法華経《ほけきょう》」の方便品《ほうべんぼん》では、この、一人一人に具《そな》わる〝内《うち》なる尊厳《そんげん》〟を開きゆくことこそ、仏《ほとけ》がこの世に出現《しゅつげん》した究極《きゅうきょく》の目的、すなわち「一大事因縁《いちだいじいんねん》」であると説いています。

アタイデ　最高にして不変《ふへん》の価値《かち》とは、「一人の人間」の存在です。それ以外のものは、みな一時的なものであり、状況《じょうきょう》に応《おう》じて変化していく相対的《そうたいてき》な価値でしかありません。

「世界人権宣言」の検討《けんとう》にあたっても、この「一人の人間」という視点《してん》に立つことを、つねに心においていました。

池田　よくわかります。人間が根本《こんぽん》であるからこそ、「世界人権宣言」は、永遠《えいえん》に人類を照らす「光」と言えるのです。

さて、次《つ》いで、譬喩品《ひゆほん》には、仏みずから、すべての人々を〝平等〟に「*皆是れ吾《みなこわ》が子」と呼んで、人間生命を〝侵《おか》すべからざる尊厳なるもの〟ととらえています。

ここに人間生命の〝不可侵性〟――何ものによっても侵されてはならない尊厳性

——が示《しめ》されるのです。

アタイデ　仏教は、たしかに〝宗教〟、あるいは〝哲学〟と言えるでしょう。ただ、より正確には、一つの〝魂《たましい》の在《あ》り方《かた》〟と言えないでしょうか。

第五章

「精神の世界連合」への潮流《ちょうりゅう》

――人権思想の大いなる遺産《いさん》をたどって

〝人類調和《ちょうわ》への記念碑《きねんひ》〟として

アタイデ　私たちが「世界人権宣言」の検討作業《けんとうさぎょう》を進めていくなかで、エピソードがいくつも生まれました。

＊キュリー夫人《ふじん》の次女エーヴ・キュリー女史《じょし》との「宣言」をめぐる語らいも、忘《わす》れられない思い出の一コマです。

女史とは、私が第三委員会に出席のためパリに滞在中《たいざいちゅう》、ご自宅にうかがい、書斎《しょさい》で語り合いました。彼女は、「世界人権宣言」にかける私の熱意《ねつい》が、母のキュリー夫人の熱き信念に似《に》ていると、若く凛々《りり》しい私（笑い）を励《はげ》まし、好意《こうい》を寄せてくださいました。「必ずアタイデさんの祖国《そこく》ブラジルを訪問《ほうもん》します」とも話してくれました。

池田　エーヴ女史は『キュリー夫人伝』の著者《ちょしゃ》としても知られています。

そのはしがきには、味わい深い一文があります。〝キュリー夫人の輝《かがや》かしき業績《ぎょうせき》や生活以上に珍重《ちんちょう》すべきものは、いかなる成功も不運逆境《ふうんぎやっきょう》さえも、その純真《じゅんしん》さを変えることができなかった魂《たましい》である〟と(『キュリー夫人伝』川口篤・河盛好蔵・杉捷夫・本田喜代治訳、白水社、参照)。

女史《じょし》は、アタイデ総裁《そうさい》の姿《すがた》にも、偉大《いだい》な母と共通のヒューマニズムの〝魂〟を見る思いだったのでしょう。

アタイデ　その後、約束《やくそく》どおり、ブラジルで女史と再会を果《は》たすことができました。後年《こうねん》、彼女のお嬢《じょう》さんからうかがったのですが、光栄にも、女史はフランスに帰国されてからも、私の話を何度かされていたそうです。

池田　国連の場で、ブラジル代表の活躍《かつやく》は光っていたようですね。

アタイデ　私事《わたくしごと》ではありますが、ブラジルへの評価《ひょうか》を感じたエピソードがあります。一九四八年十二月、国連での一切《いっさい》の作業《さぎょう》が終わり、各国の代表も帰途《きと》につくときを迎《むか》えました。その折《おり》、ルーズヴェルト夫人《ふじん》が、ブラジル代表である私を、妻と一緒《いっしょ》に昼食《ちゅうしょく》に招待《しょうたい》してくださったのです。夫人が帰国する直前のことでした。彼女は、ブラジルをとくに高く評価されているようでした。

池田　心あたたまる対話が目に浮かぶようです。総裁、ルーズヴェルト夫人をはじめ「世界人権宣言」の制定《せいてい》にたずさわった先達《せんだつ》たちの業績《ぎょうせき》は「宣言」とともに不滅《ふめつ》です。〝人類調和《ちょうわ》への記念碑《きねんひ》〟として永遠《えいえん》に称賛《しょうさん》されるでありましょう。ともあれ、総裁《そうさい》の祖国《そこく》ブラジルには、すばらしい国民性があります。

オーストリアの作家ツヴァイク＊は、その著《ちょ》『未来の国ブラジル』（宮岡成次訳、河出書房新社）で、次のようにブラジルを称賛しています。「我々は国家に順番をつける場合に、産業、経済、軍事的価値《かち》でなく、平和的精神と人間性に対する姿勢《しせい》を判定《はんてい》の尺度《しゃくど》としたい。この意味で――わたしにとって最も重要なことだが――ブラジルは世界で一番模範的《もはんてき》であり、それゆえに最も尊敬《そんけい》に値《あたい》する国の一つに思える。ブラジルは戦争を憎《にく》む国であり、そのうえ戦争をほとんど知らない国である」

アタイデ　ブラジルは、各国人種が集約《しゅうやく》しているという意味からいえば、世界の一つの文化センターということができます。しかし、真の意味でブラジルに文化の滋養《じよう》を与《あた》えてくれたのは、偉大《いだい》なビジョンの持《も》ち主《ぬし》である池田会長以外にはないと申し上げたいのです。

池田　深きご期待に恐縮《きょうしゅく》します。

新たな地球文明を創出《そうしゅつ》するために、人類が求めているものは、多様性《たようせい》のなかの調和です。この点、ブラジル文明のもつ使命は大きいと言えます。

アタイデ　「世界人権宣言」の検討作業《けんとうさぎょう》を進め、直面《ちょくめん》した幾多《いくた》の難問《なんもん》について考えるうえで、私がとくに心がけた点は何であったか——それは、世界の各民族の間に〝精神的なつながり〟を創《つく》り出すこと、すなわち、〝精神の世界性〟を確立《かくりつ》することでした。

経済的なつながりや政治的なつながりはまことにもろい。人々を結《むす》びつけるには不十分です。

そうした結びつきよりも、はるかに高く、はるかに広く、はるかに強く、人類を結びつけ、人間の運命さえ決定づける絆《きずな》を結ばなければなりません。

池田　〝精神の世界性〟——すばらしいお言葉です。私どももそのために、一貫《いっかん》して戦ってまいりました。二十一世紀のために、人々が「精神の世界連合」をつくることが最も重要です。

アタイデ　対立する教義《きょうぎ》、信条《しんじょう》、利害や主義主張の激突《げきとつ》の末《すえ》に創り出された「世界人権宣言」は、人類の歩む苦難《くなん》の道のりの一里塚《いちりづか》として永遠《えいえん》に残るでしょう。

池田　「世界人権宣言」は、いわば〝人類調和《ちょうわ》への記念碑《きねんひ》〟と言えましょう。その制定《せいてい》のために捧《ささ》げられたご努力は、永遠《えいえん》に称賛《しょうさん》されつづけるにちがいありません。

さて、第三委員会で大論争《だいろんそう》となった「宣言」第一条について、さらにくわしくお聞きしたいと思います。

アタイデ　わかりました。

第一条の草案《そうあん》は、「すべての人間は、自由であり、かつ、尊厳《そんげん》と権利において平等に生まれている。人間は、生まれながらにして良心《りょうしん》と理性《りせい》が授《さず》けられており、互《たが》いに同胞《どうほう》の精神をもって行動しなければならない」となっていました。私は、それを大部分の国民の信条《しんじょう》・感情と相《あい》いれない、無神論的《むしんろんてき》・自然論的な主張であると考えました。

そのように、神の存在は人間には知ることができないとして神を否定《ひてい》するような、そっけない*不可知論《ふかちろん》哲学のような表現ではなく、人間性の最も偉大《いだい》な部分を構成《こうせい》する〝宗教的な信念〟を反映するものとなれば、諸国民の意思《いし》と希望にずっと深く結《むす》びつくと確信していたのです。

池田　総裁《そうさい》が提起《ていき》された問題は、人権の基礎《きそ》、「世界人権宣言」の思想的・哲学的根拠《こんきょ》を何に求めるのかという根本的《こんぽんてき》な問《と》いを含《ふく》んでいます。

アタイデ　私のこの提案《ていあん》は、委員会に驚《おどろ》きさえかもしだしました。と同時に、メキシコを除《のぞ》く全ラテン・アメリカ、ヨーロッパではベルギーとオランダの支持《しじ》を受けました。他の国はこの問題に関心を示《しめ》さないか、マルクス＝レーニン主義の物質主義的、無《む》神論的《しんろんてき》な主張にもとづいて、ブラジル代表の修正案《しゅうせいあん》に攻撃《こうげき》を加えてきました。

＊

ソ連の代表で、著名《ちょめい》な学者のパブロフ教授は、「ブラジル代表は、宗教的テーゼ（命題《めいだい》）を主張している。それは、人間が月《つき》に到達《とうたつ》することのように、現実からは遠く懸《か》け離《はな》れている」とまで述べました。

もっとも、やがて人類は、ニール・アームストロングらが、ためらいがちな第一歩を月に印《しる》すのを、見ることになりましたが。

池田　当時のソ連では、かたくなな〝無神論的な信念〟が優勢《ゆうせい》であり、体制に協力しない宗教者には過烈《かれつ》な弾圧《だんあつ》が行《おこな》われたこともありました。

このような時代状況《じょうきょう》を考えると、総裁《そうさい》があえて「神」という言葉を用《もち》いて、〝宗教的なるもの〟を強調し、国家を超《こ》えた、より普遍的《ふへんてき》な〝人間主義〟を志向《しこう》された意義《いぎ》がはっきりとしてきます。

「人権」を基礎《きそ》づける二つの大きな流れ

池田　なぜ総裁《そうさい》が〝宗教的なるもの〟を強調されたのか。総裁の発言の重さを知るために、もう一歩踏《ふ》み込《こ》んで人類の思想史、哲学史をたどっていきたいと思います。

アタイデ　賛成です。第三委員会でも、じつは、三カ月にわたる議論のなかで、紀元前十八世紀の『ハムラビ法典《ほうてん》』にまでさかのぼって、人権思想の歴史をたどり直し、何を根本《こんぽん》に人権を基礎づけることが正《ただ》しいのかを検討《けんとう》したのです。

仏教などの太古《たいこ》の東洋哲学、西洋の伝統《でんとう》を構成《こうせい》するキリスト教思想、さらにトマス・アクィナス*のスコラ哲学*、『コーラン』*の規律《きりつ》など、すべての参加者が、一九四八年十二月十日、パリで行《おこな》われた第三回国連総会を締《し》めくくる偉大《いだい》*な夜に向けて、みずからの信条《しんじょう》のもとに、自由に発言し討論《とうろん》しました。

そのなかで、私どもブラジル代表が提案《ていあん》したことは、諸国民の発展と国際的協調を維持《いじ》するために、これまで諸国民が創造《そうぞう》してきた偉大《いだい》なる〝精神的潮流《ちょうりゅう》〟を受け入れようということでした。これは、アメリカの独立《どくりつ》宣言、フランスの人権宣言をはじめ、数多《かずおお》くの政府によって、各国の憲法《けんぽう》等でも確認されてきたことです。

池田　壮大《そうだい》な試《こころ》みです。「世界人権宣言」の思想的・哲学的根拠《こんきょ》となった、西洋の人権思想の流れは、大きくみて二つあると言われます。

まず、一つの流れは、近代の*啓蒙《けいもう》主義以降の思想――*ロック、*モンテスキュー、*ルソーなどの思想・哲学――にもとづくと考えられるものです。これは、中世の神学《しんがく》から離《はな》れて、「神の視座《しざ》」から「人間の視点《してん》」に立脚点《りっきゃくてん》を移《うつ》し、人智《じんち》を超《こ》えた創造主・絶対者を過剰《かじょう》に重視《じゅうし》することを避《さ》けようという流れと言えます。

中世において、「神」への従順《じゅうじゅん》は、いつしか「神の代理人」と称《しょう》する教会への盲《もう》従《じゅう》へと質的《しってき》に変化し、教会権力の腐敗《ふはい》を招《まね》いた歴史があります。

また、近世においては、教会を超える勢力《せいりょく》をもった王たちが*「王権神授説《おうけんしんじゅせつ》」を唱《とな》えました。彼らは「神」を後《うし》ろ楯《だて》に、絶対専制君主《せんせいくんしゅ》となって、民衆《みんしゅう》の人権を犠牲《ぎせい》にし、権力の拡大《かくだい》・安定に腐心《ふしん》してきました。

そして、アメリカ独立革命《どくりつかくめい》やフランス革命が起こった近代においては、宗教と世《せ》俗《ぞく》の権威《けんい》・権力からの〝精神と肉体の自由〟の獲得《かくとく》が、人権闘争《とうそう》の大きな核《かく》になりました。この人権闘争を支《ささ》えたのが、啓蒙《けいもう》主義以降の哲学です。

アタイデ　近代は啓蒙主義とともにあったと言えます。

その流れは、ニュートン*やベーコン*の「科学」、ホッブズ*やロックに代表されるイギリスの「哲学」に始まります。それは合理《ごうり》主義の巨匠《きょしょう》である、ルソー、ヴォルテール、ダランベール*、ディドロ*といった百科全書派《ひゃっかぜんしょは》*へと連《つら》なり、大いなる輝《かがや》きを放《はな》ちました。

そして、われわれの時代（十九、二十世紀）に入り、啓蒙主義によって開かれた偉《い》大《だい》な展望《てんぼう》が、世界を革命へと導《みちび》き、さらに数えきれないほどの逆境《ぎゃっきょう》と悲痛《ひつう》を経《へ》て、「世界人権宣言」として結実《けつじつ》したことを、特筆《とくひつ》したいと思います。

池田　もう一つの西欧《せいおう》の思想的流れに、ブラジルのレヴィ・カルネイロ*やフランスのジャック・マリタン*のように、キリスト教における〝宇宙創造《そうぞう》〟の意味への問《と》いかけを通して、人権を普遍的《ふへんてき》に基礎《きそ》づけようとするものがあります。

アタイデ　そうです。古《いにしえ》より存在するモーセの「十戒《じっかい》」をはじめ、一二一五年に発表された「大憲章《だいけんしょう》（マグナ・カルタ）」、さらにはウィリアム三世の「権利の章典《しょうてん》」*にいたる人類の発展の歴史には、人間の権利と義務《ぎむ》を規定《きてい》するためのさまざまな倫理《りんり》的《てき》・政治的努力が記録《きろく》されています。

池田　「大憲章」は「神の恩寵《おんちょう》」への感謝から始まっていますね。また「権利の章典」も、キリスト教にもとづいて、人間の諸権利が普遍性《ふへんせい》をもつことを裏《うら》づけています。

第二次世界大戦当時、中世的な「神」の束縛《そくばく》から解放されたがゆえに、人間は大きな誤《あやま》りを犯《おか》してしまった、という見方《みかた》がありました。人々の合意《ごうい》にもとづいて選出されたはずのナチスやファシスト党が、いつの間にか、独裁《どくさい》政治へと堕《だ》してしまった歴史への反省《はんせい》が、戦後、西欧《せいおう》社会に広く横たわっていました。

そうした背景《はいけい》から、自己の利害にとらわれてしまう〝人間〟を超《こ》え〝普遍的なるもの〟に人権の起源《きげん》を求めようとする思いが高まっていきました。

アタイデ　「神」との絆《きずな》がゆるんだ現代社会の危機的状況《ききてきじょうきょう》を、数多《かずおお》くの歴史家が指摘《してき》しています。かつて、第三委員会の場でなした私の主張が、よりいっそう意義《いぎ》をもつ時代と言えるのではないでしょうか。

池田　この二つの流れのうち、前者は〝人権は本質的には宗教を離《はな》れて成立《せいりつ》し、宗教にかかわりなく根拠《こんきょ》づけられるもの〟との考え方です。

私自身、この考えにことさら異《い》を唱《とな》えるものではありません。ただ、人権の普遍《ふへん》性《せい》とその尊重《そんちょう》を、いかに基礎《きそ》づけるかという観点《かんてん》から考えるとき、〝普遍的なるもの〟〝宗教的なるもの〟のバックボーンが大切になってくるように思われます。

「無明《むみょう》」との対決こそ幸福への道

池田　先ほど、第三委員会で『ハムラビ法典《ほうてん》』にさかのぼって、人権について検《けん》討《とう》されたとうかがいました。これは、二つの潮流《ちょうりゅう》のうち、後者《こうしゃ》の〝普遍的なるもの〟にもとづいて検討されたものですが、ここで、日本の読者のために、西洋の〝精神的潮流〟を、『ハムラビ法典』から論《ろん》じていただきたいと思います。

この法典《ほうてん》は、比較的《ひかくてき》まとまった形で現存《げんそん》している、最古《さいこ》の法典の一つです。

アタイデ　言い伝えによると、王は太陽神《たいようしん》シャマシュから聖《せい》なる〝石盤《せきばん》〟を授《さず》けられたと言います。古《いにしえ》の為《い》政者《せいしゃ》や律法者《りっぽうしゃ》は、民衆《みんしゅう》に対して権威《けんい》を確立《かくりつ》するために、〝神〟より授けられた「ことば」を全面に押し出す。そこに凝縮《ぎょうしゅく》されている英知は、私たちが推《お》し量《はか》ることすらできない、はるか昔に祖先《そせん》たちが結晶《けっしょう》させた偉業《いぎょう》です。

池田　当時、市民のなかには債務《さいむ》のために奴隷《どれい》に転落《てんらく》するものが多く、社会不安が大きかったことから、王は、法典を制定《せいてい》することで「人権」を守り、人々を安心させようとしたのだと考えられます。もちろん、身分《みぶん》が下《さ》がるほど刑《けい》が重くなるなど、この法典で不平等がかえって正当化《せいとうか》された面があることも否《いな》めませんが、私も、総裁《そうさい》と同様《どうよう》に、王の高貴《こうき》な理想を評価《ひょうか》したいと思います。

アタイデ　また、『ハムラビ法典』より後代《こうだい》のものとして、モーセの「十戒《じっかい》」をあげることができます。これは、『ハムラビ法典』に比《くら》べると、より要約《ようやく》された形ですが、同様に高貴な理想にもとづき、権利と義務《ぎむ》に関する象徴的《しょうちょうてき》な規範《きはん》として、西洋思想に多大《ただい》な影響《えいきょう》を与《あた》えてきたといえます。

池田　モーセの「十戒」に対比《たいひ》される仏法の戒としては、「五戒*」や「十*（善《ぜん》）戒」

があげられます。ともに、仏教者が遵守《じゅんしゅ》すべき基本の規律《きりつ》として説かれたものです。仏教の基本倫理《りんり》といってもよいでしょう。

モーセの「十戒《じっかい》」と比較《ひかく》して注目《ちゅうもく》すべきことは、「十戒」の最初が「神」であったのに対して、たとえば、仏法の「五戒」では、「不殺生《ふせつしょう》」、すなわち「アヒンサー（非暴力《ひぼうりょく》）」を第一にあげていることです。ここに、人間生命の尊厳《そんげん》を基軸《きじく》として展開《てんかい》する仏法の精神と、その倫理観を見る思いがするのです。

「五戒」では、第一の〝生命尊厳〟の視点《してん》から、生命を支《ささ》える食糧《しょくりょう》や資産《しさん》を奪《うば》うことを禁《きん》じ、また、ややもすれば生命に対する冒瀆《ぼうとく》へとつながる放埒《ほうらつ》な男女関係を禁じ、殺害《さつがい》や暴力性をひき起こしがちな、嘘《うそ》や節度《せつど》のない飲酒《いんしゅ》を禁じています。

さらに、「十善戒《じゅうぜんかい》」では、戒・倫理の内面《ないめん》を洞察《どうさつ》し、＊貪欲《とんよく》、＊瞋恚《しんに》、＊邪見《じゃけん》等の煩悩《ぼんのう》との対決を指《さ》し示《しめ》しています。人間生命の尊厳の基盤《きばん》に、「戒」として守るべき具体的な項目をあげるとともに、倫理を支える精神性――煩悩との対決――をも合わせて説くところに、仏教倫理の特質をみることができます。

総裁《そうさい》が指摘《してき》されるように、西欧《せいおう》世界においては、モーセの「十戒」が人権思想の最初の〝核《かく》〟となりました。東洋の仏教における、人権思想の起点《きてん》の一つには、

「五戒《ごかい》」「十善戒《じゆうぜんかい》」などの「戒」が位置していると思うのです。

日蓮大聖人もまた、すべての「戒」の最初にかかげられた生命尊厳《そんげん》の根本姿勢《こんぽんしせい》に立脚《りつきやく》しておられました。

「いのちと申す物は一切《いつさい》の財の中に第一の財《たから》なり、（中略）三千大千世界にみて《満》て候《そうろう》財も・いのち《命》には・かへぬ事に候なり」（御書一五九六ジ゙ー）と述べ、この広大《こうだい》な宇宙を満《み》たす財宝《ざいほう》よりも命《いのち》の尊《とうと》さが勝《まさ》ることを教えられています。

この無上《むじよう》の価値《かち》をもつ命を奪《うば》う者、すなわち〝奪命者《だつみようしや》〟を「魔」と呼びます。「魔」は、命そのものを奪うとともに、生命に具《そな》わる豊かな可能性《かのうせい》をも摘《つ》み取《と》ってしまうのです。この視点《してん》からすれば、自由や平等など、人々が本来、もっている人権を侵害《しんがい》し、抑圧《よくあつ》する者、人間の間に「差別」をつける者こそ、「魔」と断《だん》ずることができましょう。大聖人が、御在世《ございせ》当時の宗教的・世俗的《せぞくてき》な権威《けんい》・権力と対峙《たいじ》して、一歩も退《しりぞ》くことがなかったのは、それが、人々を幸福へと導《みちび》く「仏《ほとけ》」と、人々を苦悩《くのう》へとおとしいれる「魔」との戦いであるとされていたからです。

このように、仏法では、どこまでも生命尊厳の思想を基盤《きばん》に、生命の無限の可能性をはぐくみ育てることを〝善〟、それを妨《さまた》げるものを〝悪〟として、その倫理観《りんりかん》を形づくっていったのです。

ともあれ、〝神〟から法を授《さず》かるという立場、すなわち「法神授思想《ほうしんじゅしそう》」に、西洋の人権思想の一つの〝原点〟があることは確かでしょう。

アタイデ　ハムラビ王の昔以来、人間によって作られた律法《りっぽう》に、なぜそれほどの信頼《しんらい》をおいたのか。その理由は、イブが禁断《きんだん》の実を食べて神の命《めい》に背《そむ》いたという物語に、起源《きげん》が求められます。つまり、その〝不服従《ふふくじゅう》〟に、人類発展の出発点を見いだすことができるのです。「神」に見放《みはな》された人類は、進歩への道を開くのは、自身にかかっていると自覚《じかく》するようになったのです。

池田　つまり、総裁《そうさい》は、キリスト教で説く、人類の始祖《しそ》の楽園追放《らくえんついほう》を、人間が人間らしく生きるための権利、すなわち「人権」を獲得《かくとく》しゅくプロセスの始まりであると見ているわけですね。

アタイデ　ええ。もちろん、東洋においては仏教に人権獲得のプロセスを見ることができます。

池田　おっしゃるとおりです。

先ほどもふれましたが、東洋においては、「人権」の思想的・哲学的基礎《きそ》として、仏教の思想を指摘《してき》することができます。

　仏教の人権思想の起点《きてん》は、生老病死《しょうろうびょうし》の「四苦《しく》」に象徴《しょうちょう》される人間苦との対決にあります。人間苦の根拠《こんきょ》について申し上げるならば、キリスト教の「*原罪《げんざい》」に対して、仏教では、人間生命の内奥《ないおう》を洞察《どうさつ》していきました。その結果、生命に内在《ないざい》する尊厳《そんげん》性《せい》の否認《ひにん》、すなわち「*無明《むみょう》」によって、苦悩《くのう》は生まれると喝破《かっぱ》したのです。「無明」は、小さな自己へのあくなき執着《しゅうちゃく》とも言えます。

　釈尊《しゃくそん》は欲望《よくぼう》の根源《こんげん》にある「無明」との対決こそ、幸福への道であることを、インドの生命力豊かな自然を通して教えています。

　「恣《ほしいまま》の（＝我《わ》がまま勝手《かって》な）ふるまいをする人には愛執《あいしゅう》が蔓草《つるくさ》のようにはびこる。林のなかで猿《さる》が果実《このみ》を探《さが》し求《もと》めるように、（この世からかの世へと）あちこちにさまよう」「執著《しゅうちゃく》のもとであるこのうずく愛欲《あいよく》のなすがままである人は、もろもろの憂《うれ》いが増大《ぞうだい》する。――雨が降《ふ》ったあとにはビーラナ草がはびこるように」（『ブッダの真理のことば　感興のことば』中村元訳、岩波文庫）。

　放縦《ほうじゅう》な欲望は雑草《ざっそう》に譬《たと》えられる。雑草は表面だけを刈《か》り取《と》っても、根があればまた生《は》えてきます。すべて取《と》り除《のぞ》くためには、根から掘《ほ》り起《お》こさなければなりません。

それゆえ、釈尊《しゃくそん》は「たとえ樹《き》を切っても、もしも頑強《がんきょう》な根を断《た》たなければ、樹が再《ふた》び成長するように、妄執《もうしゅう》（渇愛《かつあい》）の根源《こんげん》（＝無明《むみょう》）となる潜勢力《せんせいりょく》をほろぼさないならば、この苦《くる》しみはくりかえし現《あら》われ出る」（前掲『ブッダの真理のことば　感興のことば』）と述べるのです。

本来、同じく平等なはずの人間が、知らずしらずのうちに、ちっぽけな自己にとらわれ、上下意識《いしき》や愛憎《あいぞう》をつくりだし、差別や嫉妬《しっと》をひき起こしてしまう。そのような悪心《あくしん》に呪縛《じゅばく》されて、自分さえも苦しみに苛《さいな》まれていくことを説いています。

アタイデ　よくわかります。卓越《たくえつ》したリーダーは、創造的《そうぞうてき》であり穏健《おんけん》な仏教から、人類の倫理《りんり》、政治および社会的発展に必要なあらゆる教えを学ぶでしょう。

池田　仏教では、苦悩《くのう》の根源《こんげん》を〝内《うち》なる生命〟に見いだし、その解決策《さく》も〝内なる生命〟から出発するのです。すなわち、「無明」を打破《だは》する「智慧《ちえ》」を開くことによって、苦悩の根本的《こんぽんてき》解決の第一歩を踏《ふ》み出《だ》すのです。真に「智慧」を開き、「真理＝法」に生きる人を、「目覚《めざ》めた人」の意味をもつ「ブッダ」、すなわち「仏《ほとけ》」と呼ぶのです。

二千五百年前にインドに生まれ、仏の智慧を開覚《かいかく》した釈尊は、入滅《にゅうめつ》を間近《まぢか》にひかえて、弟子《でし》たちに「自《みずか》らをたよりとして」「法をよりどころと」せよと述べました（『ブッダ最後の旅』中村元訳、岩波文庫）。これは、普遍的《ふへんてき》な法、「因果《いんが》」の理法にもとづいて生きることが、仏教の〝信仰《しんこう》〟の骨格《こつかく》であることを示《しめ》したものと言えましょう。

アタイデ　キリスト教では、人類を罰《ばっ》する「神」を「天の父」として提示《ていじ》しました。そして、新たな倫理《りんり》と秩序《ちつじょ》の使者《ししゃ》としてイエス・キリストを遣《つか》わし、ゴルゴダの丘《おか》の十字架《じゅうじか》の上で不面目《ふめんぼく》な死を与《あた》え、人類の歴史に、忘《わす》れがたい新たな一章を開きました。

池田　イエスは、いわば〝戒律万能主義《かいりつばんのうしゅぎ》〟を強く批判《ひはん》し、〝信仰〟の次元《じげん》から、人道的《じんどうてき》なモラルを説こうとしたと思われます。その教義《きょうぎ》を体系化《たいけいか》していったのは、彼の弟子《でし》、使徒《しと》たちですね。

アタイデ　とくに使徒パウロ*は、キリストが全人類の救済《きゅうさい》のために、世に遣わされたことを知り、ここに「世界宗教」への運動が開始されるのです。

パウロは語りました。「良い戦闘《せんとう》を戦い、信仰を失《うしな》わなかった」と。

神への不服従《ふふくじゅう》によってアダムとイブが楽園《らくえん》から追放《ついほう》されて以来、何千年という歩みを通して、今、「世界人権宣言」にわれわれを導《みちび》いた〝大道《だいどう》〟――ここで言う「信《しん》仰《こう》を失《うしな》わなかった」とは、この「大道《だいどう》」を設計《せっけい》したことであると思うのです。

池田　原始《げんし》キリスト教の思想が明解《めいかい》です。

〝絶対にして唯一《ゆいいつ》の神〟の前では、男や女、貧富《ひんぷ》の差、職業の差もなく、政治権力も介入《かいにゅう》することができないとする考え方――こうした思想が、西欧《せいおう》世界における人間の〝平等観〟の核《かく》をつくり、人間の尊厳《そんげん》という観念《かんねん》を育てる力《ちから》となったと言われています。

ところで、ユダヤ教からキリスト教への展開《てんかい》と同じような展開は、インドでも起きています。それは、当時のバラモン教から仏教が出現《しゅつげん》するという歴史です。釈尊《しゃくそん》以前のインドの哲学・宗教において、幸福を得《え》るための真理は、限《かぎ》られた人の間で、秘密裡《ひみつり》に伝承《でんしょう》されていました。新しいウパニシャッド哲学も、その「ウパニシャッド」＊という語自体が、〝側に坐《そばざ》す〟という意味をもつことから推測《すいそく》できるように、師から弟子《でし》への秘伝《ひでん》という性質をおびていました。

こうした状況《じょうきょう》にあって、釈尊が弟子たちとともに、「人びとの利益、幸福、安楽《あんらく》のために」（『ヴィナヤ』）、あまねく人々に教えを説いて「国から国へと遍歴《へんれき》」（『スッタニパータ』）していったのは、時代変革《へんかく》への勇気ある行動であり、画期的《かっきてき》なことでした。

釈尊《しゃくそん》はみずからの実践《じっせん》について、こう述べています。

「(われわれは)優《やさ》しく憐《あわ》れみの心があり、慈悲《じひ》の心をもち、悪意《あくい》なく暮《く》らすであろう。そして、そのような人を慈しみの心によって満《み》たし、それから全世界を広大《こうだい》無辺《むへん》な、怒《いか》りと悪意のない慈しみの心によって満たすであろう」(『マッジマ・ニカーヤ』)。〝どの人も平等に尊《とうと》く、幸福になる権利があり、その人々を慈悲心で満たしていく〟という、釈尊の偉大《いだい》なる〝人類愛〟の哲学と行動があってこそ、仏教は「世界宗教」になりえたと考えます。

アタイデ　興味深《きょうみぶか》いお話です。

古代ギリシャ・ローマの哲学者たちの遺産《いさん》

池田　中世の西欧《せいおう》では、アウグスティヌス*が「神の法」「永遠《えいえん》の法」を、国家の定《さだ》める法の上位に規定《きてい》し、神の法によって国家の法の正邪《せいじゃ》を判断《はんだん》することを主張しました。

中世以降、キリスト教の法思想は、原始《げんし》キリスト教を通してヨーロッパに伝わった*ヘブライズムとともに、もう一つの思想潮流《ちょうりゅう》である*ヘレニズム、すなわち古代ギリシャ・ローマの伝統《でんとう》、とりわけ「自然法思想」を受《う》け継《つ》いでいると言われます。

古代ギリシャの思想的巨頭《きょとう》といえば、まず一番にソクラテスとプラトンの師弟《してい》であり、さらにその弟子《でし》のアリストテレスがあげられます。アリストテレスは、「法」を遵守《じゅんしゅ》することによって正義が実現されると考えました。

アタイデ　ギリシャ・ローマの哲学者たちは、平和的な社会生活を実現するための手段《しゅだん》として、「法」を強化《きょうか》することをめざしました。そこにギリシャ法、ローマ法体系《ほうたいけい》が確立《かくりつ》するにいたりました。

まず前ソクラテス時代を見てみましょう。ギリシャでは、七賢人《しちけんじん》といわれる人々、すなわち、ミレトスのタレスをはじめ、ソロン、ビアス、キロン、クレオブロス、ピッタコスおよびペリアンドロスがいて、多岐《たき》にわたる問題について、公《おおやけ》の広場で意見を戦わせていました。

その文化土壌《どじょう》のなかから、ギリシャ・ローマ文明が出現《しゅつげん》し、芸術の秩序《ちつじょ》、政治の秩序が作り上げられていきました。

さて、ソクラテスは、アイロニー（反語《はんご》）の手法《しゅほう》を用《もち》いて、「真理」を最高価値《かち》としてとらえた最初の哲学者です。

池田　この〝対話の巨人《きょじん》〟は、国家の神々を否定《ひてい》し、青年を惑《まど》わしているなどと告発《こくはつ》され、裁判《さいばん》で死刑《しけい》の判決《はんけつ》を受けていますね。

アタイデ　しかし、みずから毒杯《どくはい》を仰《あお》ぐ前に、彼の悲劇的《ひげきてき》な運命を悲しんでいた友人や弟子《でし》たちに、〝アスクレピオス神に雄鶏《おんどり》を供《そな》えてほしい〟と頼《たの》んだというエピソードは有名です。

池田　友人の一人、クリトン*はソクラテスに国外への逃亡《とうぼう》を勧《すす》めました。しかし、ソクラテスは国家と国法の定《さだ》めたところに従《したが》おうと明言《めいげん》する。アタイデ総裁《そうさい》の引かれたソクラテスの最期《さいご》は、有名な『パイドン』のクライマックスであり、ギリシャ古典文芸《ぶんげい》のなかでも、最も劇的《げきてき》で感動的な場面です。

アスクレピオス神とは、医療《いりょう》の神（アポロンとコロニスの間に生まれた子とされる）で、アテナイの人々の信仰《しんこう》を集めていました。いまわの際《きわ》のソクラテスが、その神への供養《くよう》を頼《たの》んだことで、〝国家の認《みと》める神々を信奉《しんぽう》せず、新しい神格《しんかく》をとり入れ罪科《ざいか》を犯《おか》している〟とする彼への訴状《そじょう》を痛烈《つうれつ》に否定《ひてい》したのです。同時に、〝恐《おそ》れることなしに死を迎《むか》えよ。それが知を求める者の根源的《こんげんてき》な選択《せんたく》なのだ〟とする〝哲学〟の模範《もはん》を示《しめ》したと言えましょう。

あえて生命を落とすことで、ソクラテスはその偉大《いだい》さを永久《えいきゅう》のものとした。まさに歴史のアイロニーです。

アタイデ　アリストテレスは、その師プラトンとは思想を異《こと》にしております。

池田　プラトンが「イデア（理想）」の概念《がいねん》を駆使《くし》したこととは対照的《たいしょうてき》に、アリストテレスにとっては、「経験」こそが、人間の知識の唯一《ゆいいつ》の源泉《げんせん》でした。

アリストテレスは、『ニコマコス倫理学《りんりがく》』において、ポリス（都市国家）における「正義」には〝自然に由来《ゆらい》するもの〟と〝人為的《じんいてき》な法に由来するもの〟があるとしています。

このうち〝自然に由来するもの〟は、いずこにおいても妥当性《だとうせい》をもつ。これに対して、〝人為的な法に由来するもの〟は、いかなる方法であれ、皆で決めた以上は守るものとされます。アリストテレスの主張は、〝人為的な法（国家の法）〟よりも、

〝自然法〟がより普遍的《ふへんてき》であるとの主張の萌芽《ほうが》でした。

アタイデ　アリストテレスは、彼の偉大《いだい》な著作《ちょさく》に見られるように、自然現象《げんしょう》を経験的な視点《してん》でとらえた最初の哲学者であると言えるでしょう。

池田会長は、疑《うたが》いの余地《よち》なく「アリストテレスの後継者《こうけいしゃ》」と申し上げたい。高い理想をかかげながら、しかも〝現実主義者〟として人権の全面的擁護《ようご》のために献身《けんしん》されている。その高潔《こうけつ》さ、卓越性《たくえつせい》に敬意《けいい》を表《ひょう》します。

池田　アタイデ総裁《そうさい》こそ、圧制《あっせい》と厳然《げんぜん》と戦い、護憲革命《ごけんかくめい》運動に身を投《とう》じられた尊《とうと》き人権の戦士《せんし》です。「世界人権宣言」には、その総裁の人間解放への不屈《ふくつ》の魂《たましい》が、脈々《みゃくみゃく》と流れているのではないでしょうか。

さて、古代ギリシャの哲学は、多くの学派《がくは》に分かれます。その一つ、ストア学派*は法思想のうえで重要です。

ストア学派では、人間にとっての「本性《ほんしょう》（ナートゥーラ）」とは、「理性《りせい》」であるととらえていました。彼らにとって、「自然法」と訳《やく》される「ナートゥーラの法」とは、「人間の理性にもとづいて正義とされる法・権利」なのです。

また、彼らは、人間の理性は宇宙的理性にもとづくものであり、「自然法」はすべての人にとって同一《どういつ》であると考えていました。

その影響《えいきょう》を受けた古代ローマの法学者キケロは、自然法こそ「正しい理性《りせい》」であると考えました。この背景《はいけい》には、当時のローマ市民のための法律が、やがて市民の活動領域《りょういき》の拡大《かくだい》にともなって、国籍《こくせき》を問《と》わない〝万人《ばんにん》のための法〟へと発展していった状況《じょうきょう》があります。当時の人々は、これを「自然法」の実現と考えるようになりました。やがて「万民法《ばんみんほう》」は、「ローマ法大全《ほうたいぜん》」*として整備《せいび》されます。

こうして、キリスト教の伝統《でんとう》にもとづく「神の法」と古代ギリシャ以来の「自然法」は、人間の作り出した法（人定法《じんていほう》）よりも高次元《こうじげん》にある、との考え方が広くいきわたり、人権は、人間の作り出した国家や政府によっても奪《うば》うことができない、という自然権の思想が作られていきました。

アタイデ　国家によって人権が奪われるようなことがあっては絶対にならない。また、人間によって、他の人々の人権が奪われてもなりません。すべての人の人権を認《みと》めていく、〝人権の世界化〟〝人権の普遍化《ふへんか》〟を、私たちはめざさねばなりません。

池田　次に、自然法思想がキリスト教の法思想へと受《う》け継《つ》がれた例として、十三世紀のトマス・アクィナスの名をあげたいと思います。

アタイデ　私が最初に身につけた哲学的な素養《そよう》は、トマス・アクィナスの思想が起源《きげん》となっています。その後、成長するにつれ身につけたさまざまな知識の影響《えいきょう》によって、紆余曲折《うよきょくせつ》はありましたが、私は社会的・政治的な現象《げんしょう》を検討《けんとう》するにあたって、彼の『神学大全《しんがくたいぜん》』の教えを見失《みうしな》うことはありませんでした。

池田　トマスは、アリストテレスの哲学を援用《えんよう》して、スコラ哲学を大成《たいせい》させた大学者です。

スコラ哲学では、ストア学派《がくは》の説《せつ》をキリスト教神学に結《むす》びつけて考えました。自然は神の創造《そうぞう》によるものであり、人間の自然（ナートゥーラ〈本性《ほんしょう》〉）もまた、神によって与《あた》えられたものである――と。

これは、ストア派が「宇宙的理性《りせい》」としてとらえていたものをスコラ哲学では「神」と表現したと言えるでしょう。

トマスは、法を「神の法」「自然法」「人定法《じんていほう》」に分類《ぶんるい》しており、「自然法」に反する「人定法」は有効《ゆうこう》ではないと主張しました。

〝内発《ないはつ》の力《ちから》〟を育《はぐく》む〝精神のルネサンス〟

池田　こうした自然法思想が、イギリスの「マグナ・カルタ（大憲章《だいけんしょう》）」などの思想的基盤《きばん》となっていきました。

総裁《そうさい》は、これら人類の英知が築《きず》き上《あ》げた広範《こうはん》な知識を学びに学び、自在《じざい》に知恵《ちえ》を発揮《はっき》して、人類の幸福のために行動されてきました。

内《うち》から沸《わ》き上《あ》がる〝人類の尊厳《そんげん》への信念〟――それは〝究極《きゅうきょく》の人類愛〟と呼べるものでしょう――があればこそ、たゆまぬ行動へと精進《しょうじん》できると思うのです。

〝内発〟ではない行動は、やがて形式《けいしき》主義に堕《だ》し、ややもすれば利害・打算《ださん》にまみれ、本質を見失《みうしな》ったものになってしまう。これは、崇高《すうこう》な理念で始まった多くの運動がたどってきた道でした。

仏法では、仏《ほとけ》が説いた正《ただ》しい法がいきわたり実践《じっせん》されている時代（正法《しょうほう》）から、形式的な修行《しゅぎょう》や儀《ぎ》礼《れい》、建築物《けんちくぶつ》だけが残っている形骸《けいがい》化の時代（像法《ぞうほう》）を経《へ》て、教えの高低《こうてい》・浅深《せんじん》などに関係なく、利害・打算《ださん》によってさまざまな主張が混乱《こんらん》して起こる時代（末法《まっぽう》）へいたると説いています。

正《ただ》しき精神のみずみずしき継承《けいしょう》と復興《ふっこう》、すなわち〝精神のルネサンス〟によって、〝内発《ないはつ》の力《ちから》〟を育《はぐく》む——そこに宗教の使命があると私は確信しています。

アタイデ　われわれの時代が、やがて〝第三の千年（西暦《せいれき》二〇〇〇年代）〟を迎《むか》えようとする今、池田会長は世界のだれよりも、文化・教育の未来に対して影響《えいきょう》をおよぼしている偉大《いだい》な方です。

池田　ホイットマン*は高らかに謳《うた》いました。「民主主義の真髄《しんずい》には、結局のところ宗教的要素《ようそ》がある」「新しい勢力《せいりょく》によって、いままで以上に深遠《しんえん》で、ゆるやかで、崇高《すうこう》な信仰《しんこう》が復活《ふっかつ》しなければならぬ」（『民主主義の展望』佐渡谷重信訳、講談社）。

ヒューマニズム、民主主義をつらぬくのは、人々に〝内面の規範《きはん》〟を与《あた》えゆく人間のための宗教、生き生きとした信仰である——この鋭《するど》き洞察《どうさつ》に、私は人権の普遍《ふへん》性《せい》を支《ささ》える原理があるとみたいのです。

「世界人権宣言」制定《せいてい》にあたっても、総裁《そうさい》はこの一点をつねに凝視《ぎょうし》されていたのではないでしょうか。

アタイデ　「世界人権宣言」の「第一条」をめぐる論争《ろんそう》が、「世界人権宣言」の検《けん》討作業《とうさぎょう》の全体にわたる指針《ししん》を定《さだ》めることになりました。そして、三十条から成《な》る永《えい》遠不朽《えんふきゅう》の「宣言」が制定《せいてい》されました。

「第一条」について、私の述べた意見が基調《きちょう》として受け入れられ、人権とは〝普《ふ》遍《へん》なるもの〟に起源《きげん》をもつという提案《ていあん》の意図《いと》が完全に達成されたことを確信しました。

したがって私は、第一条に、「人間は神の似姿《にすがた》に擬《ぎ》して創《つく》られ」との一文《いちぶん》を入れる修正案《しゅうせいあん》を撤回《てっかい》したのです。

池田　十分な論議《ろんぎ》を経《へ》て、第一条は「すべての人間は、生《うま》れながら自由で、尊厳《そんげん》と権利について平等である。人間は、理性《りせい》と良心《りょうしん》を授《さず》けられており、同胞《どうほう》の精神をもって互《たがい》に行動しなくてはならない」と決定されました。

総裁《そうさい》のご説明をうかがって、この「第一条」の基底《きてい》をなす深遠《しんえん》な思想、精神的・哲学的背景《はいけい》がいちだんと明確になりました。

アタイデ　不《ふ》信感《しんかん》と恐怖感《きょうふかん》に浸《ひた》りきった人類は、われわれが植えつけた一粒《ひとつぶ》の種の存在すら気づかないかもしれません。

しかし、遠い将来、この一粒《ひとつぶ》の種が大樹《たいじゅ》に成長し、花や実を結《むす》んだとき、人類ははじめて植えつけた人々の努力を、愛情をもって正《ただ》しく評価《ひょうか》するでしょう。

仏教における「人権」の人類的普遍性《ふへんせい》

池田　さて、仏教思想では、人間のみならず、万物《ばんぶつ》に普遍する〝宇宙根源《こんげん》の法〟が、生命の「尊厳《そんげん》」の基盤《きばん》であるととらえています。そこに人権の普遍性と尊厳性の根拠《こんきょ》もある。

キリスト教の思想が、神の前における「平等」を説くのに対して、仏教の「平等」の思想は、すべての人々に〝内《うち》なる普遍の法〟が具《そな》わっていることに由来《ゆらい》します。

しかも、その〝法〟の覚知《かくち》が万民《ばんみん》に開かれていると知ることによって、「本質的平等」に目覚《めざ》めるのです。

〝普遍の法〟は、宇宙全体をつらぬく因果《いんが》の理法であり、ゆえに、この大宇宙に生《せい》を享《う》けた一人一人の生命を支《ささ》え動かすものとして、厳然《げんぜん》と具《そな》わっているのです。「法」＝「ダルマ」とはサンスクリットで、〝支えるもの〟〝担《にな》い運ぶもの〟との意味です。

また、「平等」という言葉は、仏教において重要な意味をもっています。これはサンスクリットでは「サマター」と言い、「対等《たいとう》」「同一《どういつ》」「公平《こうへい》」などを意味します。仏教ではさらに、〝憎《にく》しみや愛《いと》しさ、好《す》き嫌《きら》いを超《こ》えている〟という普遍性《ふへんせい》をも指《さ》し示《しめ》しています。

つまり、民族、人種、文化、宗教、習慣《しゅうかん》等の、さまざまな差異《さい》を超える〝自由〟にして〝平等〟なる智慧《ちえ》――愛憎《あいぞう》、好き嫌いの煩悩《ぼんのう》、貪欲《とんよく》、争《あらそ》いへの衝動《しょうどう》に打ち勝つ、宇宙普遍の法から湧《わ》きいずる智慧――によって、あらゆる「差別」への挑戦《ちょうせん》に向かいゆくのです。

アタイデ　人間の内《うち》に〝聖《せい》なるもの〟を見る視座《しざ》がなければ、人間の尊厳《そんげん》という思想の根はできないでしょう。その意味から、私は仏法の考え方に強く共感しているのです。

池田　仏教の平等観から見るとき、いかなる民族・人種の文化的、精神的遺産《いさん》にも、大宇宙にみなぎる〝普遍《ふへん》なる法〟が輝《かがや》いているのです。

その〝光り輝く存在〟に目を向けるとき、互《たが》いの尊厳《そんげん》を守る友情と信頼《しんらい》の心――善《ぜん》なる心がわき起こってくる。その心を基軸《きじく》に、他の人々や民族の苦《くる》しみと「同苦《どうく》」し、ともに苦の超克《ちょうこく》へと向かいゆく〝人権の闘争《とうそう》〟――それは、自己を拡大《かくだい》しゆく慈悲《じひ》と正義の戦いと言えます。〝宇宙根源《こんげん》の法〟が普遍性と究極《きゅうきょく》の尊厳性をもつゆえに、そこに立脚《りっきゃく》する「平等」と「自由」と「慈悲」の戦いもまた、人類的普遍性を獲得《かくとく》することができるのです。

第六章　「人権主義」の地球ネットワークを

——世界と未来を貫《つらぬ》く〝普遍的《ふへんてき》宣言〟

人類普遍《ふへん》の価値《かち》を創造《そうぞう》する粘《ねば》り強《づよ》い対話

池田　人類の新しい指標《しひょう》である「世界人権宣言」の採択《さいたく》にいたる道程《みちのり》に、幾多《いくた》の困難《こんなん》、障害《しょうがい》があったことを、今までうかがってきました。この粘り強い作業《さぎょう》にあたって、総裁《そうさい》は何が最も大切だと考えられましたか。

アタイデ　第三委員会での検討《けんとう》作業は困難《こんなん》を極《きわ》めました。開始から一カ月が経過《けいか》したとき、宣言の草案《そうあん》二十七カ条のうち、討議《とうぎ》を終了していたのはわずかに三カ条にすぎませんでした。

しかしながら、この作業は、各国の国民にとってきわめて根本的《こんぽんてき》で、重要な原理原則を討議するものでした。堅固《けんご》で、恒久的《こうきゅうてき》な結果を導《みちび》き出《だ》すためには、おのずと穏《おだ》やかな歩調《ほちょう》で進まねばならないのです。

池田　同感です。地道《じみち》で着実《ちゃくじつ》な努力の積《つ》み重《かさ》ねによってもたらされた結実《けつじつ》は、何ものにも壊《こわ》されません。

また、そうでないものはたやすく崩《くず》れてしまうのが、歴史の一つの法則《ほうそく》です。人類普遍《ふへん》の価値《かち》を創造《そうぞう》するためには、「漸進主義《ぜんしんしゅぎ》」、すなわち粘《ねば》り強《づよ》い対話こそ不可欠《ふかけつ》な要素《ようそ》です。

アタイデ　第三委員会が世界中のあらゆる問題を解決したとはいえません。しかし、「世界人権宣言」の制定《せいてい》という偉業《いぎょう》を見るだけで、この委員会を地球上で開催《かいさい》された会議のなかで、最も実《みの》り多きものの一つとして数えることができると思うのです。

多様性《たようせい》を克服《こくふく》して、いかに意見の一致《いっち》をみるか。それがわれわれの前に立ちはだかった最大の障害《しょうがい》でした。しかし、われわれは一つ一つその壁《かべ》を乗《の》り越《こ》えていきました。

「世界人権宣言」草案《そうあん》の一条一条を具体的に検討《けんとう》するうえで、私は曖昧《あいまい》な表現は言葉を補《おぎな》って明確《めいかく》になるよう提案《ていあん》し、また条文《じょうぶん》の内容を〝弱める〟ような修正案《しゅうせいあん》には断固《だんこ》反対したのです。

池田　第一九条*（草案第一七条）の「意見及《およ》び表現の自由」をめぐっても、米ソ間で激《はげ》しい議論が展開《てんかい》されたそうですが。

アタイデ　ええ。報道《ほうどう》の自由は制限《せいげん》すべきであるとするソ連代表は、「アメリカの新聞は民意《みんい》を反映していない」と、厳《きび》しく非難《ひなん》しました。彼らの主張はこうでした。

「新聞の自由は、現代においては、逆に多くの民衆《みんしゅう》の意見を表明する自由を奪《うば》い去っている」「発表の自由、新聞の自由は法によって保護《ほご》されるが、ファシズムや戦争宣伝《せんでん》の拡大《かくだい》を防《ふせ》ぐために用《もち》いられるべきだ」。

さらに、「国家の安全と利益の観点《かんてん》を踏《ふ》まえたうえで、その自由は認《みと》められるべきだ」とも述べていました。

池田　当時の時代状況《じょうきょう》そのままの議論となったわけですね。

ところで、戦時中、創価教育学会は牧口初代会長を中心に、機関誌《きかんし》「価値創造《かちそうぞう》」を発刊《はっかん》していました。

しかし、一九四二年（昭和十七年）五月、治安当局《ちあんとうきょく》の弾圧《だんあつ》で廃刊《はいかん》を余儀《よぎ》なくされてしまう。初代会長の逮捕《たいほ》はそれから、約一年後のことでした。

牧口会長は、すでに一九〇三年発刊の『人生地理学』の中で、「良心《りょうしん》の自由」「思想の自由」「宗教の自由」とともに「言論《げんろん》の自由」を、「神聖侵《しんせいおか》すべからざるもの」

と書いています。

アタイデ　「意見の自由」と「表現の自由」は、民主主義が脅《おびや》かされるさいに最初に侵害《しんがい》されるものです。

私は訴《うった》えました。「この条項《じょうこう》に記述《きじゅつ》された自由なしには、真の民主主義は実現不《ふ》可能《かのう》であるが、これらの自由は今もなお危険《きけん》にさらされている」と。

池田　民主主義の本質です。権力と戦った「言論《げんろん》の勇者」ならではのお言葉です。

アタイデ　アメリカの新聞に対する非難《ひなん》に対して、ルーズヴェルト女史《じょし》は敢然《かんぜん》と反論《はんろん》しました。

「それは事実ではありません」「結論《けつろん》していえば、わが国の国民がむしろ政府と新聞をコントロールしているのです」。まさに手に汗《あせ》を握《にぎ》る白熱《はくねつ》した光景《こうけい》でした。

会期中《かいきちゅう》、女史と私はマルクス主義の代表が「宣言」に対し、どのような態度《たいど》をとるのかいくども話し合いました。

女史は最後には理解しあえると信じていましたが、私はつねに疑念《ぎねん》をぬぐいさることはできませんでした。

「熱情をもって〝献身《けんしん》する者〟」

アタイデ　討議《とうぎ》に熱中するあまり、ある共産主義国の代表はこぶしを固め、獅子《しし》のたてがみを連想《れんそう》させる頭を振《ふ》り回《まわ》し、力《ちから》のかぎり机をたたいて、資本主義の悪行《あくぎょう》を声を嗄《か》らして責《せ》める。資本主義国の代表も同じぐらい感情的な表現で、共産主義国の欠点《けってん》をあげつらうといった具合《ぐあい》です。

ところが、驚《おどろ》くべきことに、討議が終了すると、先ほどまで互《たが》いの喉笛《のどぶえ》をかみ切らんばかりの剣幕《けんまく》だった〝東〟と〝西〟の両陣営《りょうじんえい》の人々が、宮殿内《きゅうでんない》のバーに集まり、にこやかに談笑《だんしょう》しているのです。

池田　じつに「人間」らしい交流の光景《こうけい》です。

顔と顔を向けあわせること、そして、思想信条《しんじょう》は違《ちが》え、同じ「人間」であるという観点《かんてん》からすべてを発想《はっそう》していくことが重要です。

アタイデ　論争《ろんそう》が紛糾《ふんきゅう》して、一致点《いっちてん》をみるのがどうしても不可能《ふかのう》と思えるような危険性《きけんせい》をはらむと、不思議《ふしぎ》と対立は消滅《しょうめつ》していきました。三カ月におよぶ審議《しんぎ》のなかで、思想上、哲学上の激突《げきとつ》が繰《く》り返《かえ》されましたが、人類の崇高《すうこう》な事実をなしとげようとする共通の熱意によって、対立は最終的になくなっていったのです。

池田　正義と平和への熱き思いの結晶《けっしょう》として、「世界人権宣言」草案《そうあん》は第三委員会で可《か》決《けつ》され、ただちに十二月九日、十日の国連総会で、最終討議《とうぎ》にかけられました。アタイデ総裁《そうさい》は、この総会の席上《せきじょう》、ブラジル代表として見事《みごと》な演説《えんぜつ》をされています。

アタイデ　議決《ぎけつ》投票を前に、私は訴《うった》えました。「この宣言は、一つの国民、一群《いちぐん》の国民の特定の観点《かんてん》を表明したものではなく、特定の政治的信条《しんじょう》や哲学的体系《たいけい》の表明でもない。数多《かずおお》くの国家の知的《ちてき》で、道徳的《どうとくてき》な共同作業《さぎょう》の成果《せいか》である」と。そして「この国連総会の席上において、すべての民族がその良識《りょうしき》の証《あかし》としてこの宣言を可《か》決《けつ》すべきだ」と。

演説の後、フランス外相《がいしょう》であったロベール・シューマン*氏が、私どもブラジル代表を抱擁《ほうよう》しようと、椅子《いす》から立ち上がるのを見ました。そのジェスチャーに驚《おどろ》いた私に、彼は言ったのです。

「私の人生でこれまで聞いたなかで、あなたは最高の雄弁家《ゆうべんか》だ！」と。

池田　議場《ぎじょう》の熱気《ねつき》がそのまま伝わってきます。文字どおり「言葉を最大の武器《ぶき》として」のご活躍《かつやく》です。人類の未来を思う総裁《そうさい》の高邁《こうまい》な精神が、「最高の雄弁」となって、世界各国の代表の心を打ったのでしょう。

アタイデ　総会の感激《かんげき》も冷《さ》めやらぬその夜、私はルーズヴェルト女史《じょし》の手紙を受け取りました。それには、「民主主義は、熱情をもって〝献身《けんしん》する者〟の純粋《じゅんすい》かつ高貴《こうき》な思想なしには生き永《なが》らえないものです。ブラジル代表の言葉は、アブラハム・リンカーン*のゲティスバーグ*の演説《えんぜつ》を思い起こさせるものでした」と、つづられていました。

今日《こんにち》、「熱情をもって〝献身する者〟」とは、まさに池田会長のように、すべての人間の価値《かち》の擁護《ようご》に献身される人であり、ＳＧＩの活動と理念に、その最も高貴な例を見いだします。

池田　人権擁護の偉大《いだい》なる先人《せんじん》のご期待に、私どもはお応《こた》えしてまいりたい。かつて「第十五回『ＳＧＩの日』記念提言《ていげん》」（一九九〇年一月二十六日）で確認したことですが、ＳＧＩの基本理念は次の三つに要約《ようやく》できます。

第一に、自国の文化、伝統《でんとう》を重《おも》んじ、法を尊重《そんちょう》しつつ、良き市民として、それぞれの社会の繁栄《はんえい》に貢献《こうけん》する。

第二に、生命の尊厳《そんげん》を根本《こんぽん》に人間文化・教育の興隆《こうりゅう》をめざす。

第三に、戦争をはじめとするあらゆる暴力《ぼうりょく》を否定《ひてい》し、人類の幸福と世界の平和と繁栄に尽《つ》くす。

仏法を根本にしたこの「人間主義」「平和主義」「文化主義」の運動が、世界の新たなる平和創出《そうしゅつ》への源流《げんりゅう》となることを確信しています。

第一世代と第二世代の人権の統合《とうごう》

池田　ところで、国連総会での投票の結果、「世界人権宣言」は、賛成四十八、反対ゼロ、棄権《きけん》八で、採択《さいたく》されました。ソ連をはじめとする東側諸国が反対票を投《とう》じることなく棄権にとどまったのは、「世界人権宣言」に完全には賛成できないが、反対ではないという意思《いし》表示《ひょうじ》として理解されていますが、この点、総裁《そうさい》はどうお考えになりますか。

アタイデ　ソ連をはじめとする東欧《とうおう》諸国のほか、南アフリカ連邦《れんぽう》（当時）等が棄《き》権《けん》しました。採決後、総会議長は「まったく直接的な反対もなく、大多数《だいたすう》によって、このようにきわめて重要な宣言が採択《さいたく》されたことは、画期的《かっきてき》な業績《ぎょうせき》である」と語りました。

人間社会は、互《たが》いに対立する二つの異《こと》なった主張――精神主義と物質主義によって分割《ぶんかつ》されていました。ではなぜ、「世界人権宣言」に反対する者が出なかったのか。それは西洋民主主義においてすでに古典的であった「政治的権利」「市民的権利」が、以前は考えもおよばなかった「経済的権利」「文化的権利」と合体《がったい》したことによって、さまざまな相違《そうい》や対立を解消《かいしょう》させる効果《こうか》を発揮《はっき》したからであると思うのです。

池田　人権思想の二大潮流《ちょうりゅう》の統合《とうごう》ですね。

アタイデ　「政治的権利」「市民的権利」は、十八世紀のアメリカ独立革命《どくりつかくめい》、フランス革命などの市民革命によって得《え》られたものです。「バージニア権利章典《しょうてん》」*「アメリカ合衆国憲法《けんぽう》」、そしてフランスの「人権宣言」等の歴史的な文書《ぶんしょ》によって主張されている「自由」「平等」「友愛」は、民主主義が立脚《りっきゃく》する政治上の基盤《きばん》として認《みと》められています。

池田　政治参加の権利、生命や居住《きょじゅう》に関する自由・平等を中心とする「自由権」は、十八世紀末から十九世紀初頭に、他の人権に先駆《さきが》けて、確立《かくりつ》されてきた人権であり、「第一世代の人権」とされます。

しかし、「第一世代の人権」は、社会的・経済的保障《ほしょう》がないと、しばしば侵害《しんがい》されました。たとえば、貧困《ひんこん》のために非人道的《ひじんどうてき》な労働《ろうどう》につかざるをえず、結果として生命の尊厳《そんげん》が侵《おか》されることもあります。

それゆえ、労働権をはじめ、経済・社会・文化等の社会的活動に関する諸権利がしだいに求められました。この「経済的権利」「文化的権利」は、「社会権」と総称《そうしょう》されます。

「社会権」は、十九世紀から二十世紀にかけてアメリカ大陸諸国で発布《はっぷ》された憲法や、ドイツが一九一九年に制定《せいてい》した「ワイマール憲法」*などで規定《きてい》され、確立されていきました。

「第一世代の人権」に次《つ》いで確立《かくりつ》されてきた人権なので、「第二世代の人権」と呼ばれます。また、人間の生存《せいぞん》の条件にかかわることから、「生存権」とも位置づけられています。「世界人権宣言」の制定《せいてい》の経緯《けいい》を見ますと、「第一世代の人権」を伝統的《でんとうてき》に認《みと》めてきた自由主義国が、新たに起こった「第二世代の人権」を認めていることがうかがえます。

アタイデ　代替不能《だいたいふのう》な「消極的《しょうきょくてき》」自由を主張する英米型《えいべいがた》民主主義において、これほどまでに生気《せいき》に満《み》ち、活発《かっぱつ》な存在である自由主義的伝統は、「労働《ろうどう》に関する権利」「個人所有《しょゆう》に関する権利」「正義に関する権利」「健康に関する権利」「文化に関する権利」「福祉《ふくし》に関する権利」等の〝積極的《せっきょくてき》〟な権利を否定《ひてい》するものではないのです。

池田　そのとおりです。人権について、「積極的義務《ぎむ》」と「消極的義務」という分類《ぶんるい》があります。

「消極的義務」は、抑圧《よくあつ》の解放に関する権利であるので「～からの自由」と位置づけられ、「積極的義務」は、政治・社会等への参加などに関するので「～への自由」と位置づけられます。

「世界人権宣言」は、この二つの義務《ぎむ》、あるいは「第一世代の人権」と「第二世代の人権」が統合《とうごう》・調和《ちょうわ》した内容となっており、採択《さいたく》において論議《ろんぎ》を呼んだのも、この点です。

アメリカをはじめとする西側自由主義諸国は〝国家は必要悪であり、国家が個人の人権に干渉《かんしょう》すべきではない〟という考え方を主軸《しゅじく》としていました。

それに対して、ソ連陣営《じんえい》は〝国家は必要悪ではなく、積極的《せっきょくてき》に個人の人権保障《ほしょう》にかかわるべきものである〟と考えていました。いわゆる「社会権」を重視《じゅうし》するわけです。

これまでに確認したとおり、「宣言」は〝国家が個人の自由を十分に守らなかったがために二度にわたる世界大戦が起こった〟という反省《はんせい》のうえに成《な》り立《た》っているため、権力から個人を保護《ほご》する「自由権」が主軸になっています。そのため、ソ連陣営は「自由権」中心の「世界人権宣言」は不十分と考え、棄権《きけん》したと解釈《かいしゃく》されていますね。

アタイデ　報道《ほうどう》の自由、集会の自由、移動《いどう》の自由をはじめとする政治的自由や差別を禁《きん》ずる規則《きそく》は、当時のソ連の全体主義的な政治体制とは相《あい》いれないものでした。私は、第三委員会でソ連の代表を務《つと》めていた、有名な学識者《がくしきしゃ》であるパブロフ教授に質問したことがあります。「市民の民主的特権に関する宣言の条項《じょうこう》についてソ連が強硬《きょうこう》に反対していることを、われわれは近代的な政治哲学のなかでどのように理解したらよいのだろうか」と。

彼は答えました。「それらの条項に賛成し、ソ連で実施《じっし》したならば、現体制は六カ月とつづかないでしょう」と。本当に誠実《せいじつ》で現実的な告白《こくはく》です。

ともあれ、この百年間に、人類が達成した進歩の一つとして、（「第一世代の人権」が保障《ほしょう》した）〝政治的自由〟だけではなく、（「第二世代の人権」が保障する）〝社会的自由〟も考慮《こうりょ》し、すべての民族の共通の願いとして組み込んだのが「世界人権宣言」です。

池田　具体的には、第三条から第二一条までは、「第一世代の人権」である「自由権」の規定《きてい》であり、第二二条から第二七条は、「第二世代の人権」である「社会権」を謳《うた》ったものですね。

さらに、第二八条から第三〇条までは、この「自由権」「社会権」を保障するために、個人の意識《いしき》の確立《かくりつ》と、社会的基盤《きばん》とりわけ国際的基盤の確立を求めています。

これは〝一国家〟における人権保障を超《こ》えた、まさに「〝世界〟人権宣言」ならではの権利の主張といえましょう。

アタイデ　これは、共同体、すなわち社会集団に対する個人の義務《ぎむ》を規定《きてい》するものです。この「宣言」の最後を飾《かざ》る第二九条*、第三〇条*の崇高《すうこう》な主張にこそ、われわれの作業《さぎょう》が、永久不変《えいきゅうふへん》の偉業《いぎょう》として権威《けんい》を獲得《かくとく》しうるとの確信が現《あらわ》れているのです。

池田　よくわかります。七〇年代、オイル・ショックによる打撃《だげき》を受けて、発展途上国《とじょうこく》を中心に貧困層《ひんこんそう》の人権侵害《しんがい》がいちじるしくなりました。そのとき「開発・発展」も人権であるとの考えが起こり、さらに一歩深く「人間」という視点《してん》に立って、国家を超《こ》えた人権保障《ほしょう》の必要性が強調されました。この最後の二カ条は、まさにその先取《さきど》りとも言うべきものです。

そうした人権のための国際的な開発秩序《ちつじょ》の必要性をはじめ、「健康で調和《ちょうわ》のとれた環境に対する権利」「平和の権利」「人類の共同遺産《いさん》を所有《しょゆう》する権利」などが、「第一世代」「第二世代」につづく、「第三世代の人権」の内容として挙《あ》げられます。「第三世代の人権」については、次章に詳《くわ》しく論《ろん》じたいと思います。

民衆《みんしゅう》のために尽《つ》くす維摩詰《ゆいまきつ》の実践《じっせん》

池田　人類のために誠実《せいじつ》を尽くされる、総裁《そうさい》の行動に思いをめぐらすとき、私の心に*『維摩経《ゆいまきょう》』に展開《てんかい》する情景《じょうけい》が浮かんできます。

この経典《きょうてん》には、仏《ほとけ》の*十大弟子《でし》や錚々《そうそう》たる菩薩《ぼさつ》たちが、在家《ざいけ》の仏教指導者であった維摩詰の病気見舞《みま》いに行くよう、釈尊《しゃくそん》から命《めい》じられたときのエピソードがつづられています。弟子たちは、自身の最も得意《とくい》とする分野で維摩詰にやりこめられた経験があり、見舞いに行くことを尻込《しりご》みする。維摩と釈尊の弟子たちとのやりとりは、ウィット（機知《きち》）に富《と》んだ楽しいものです。

経典というと堅苦《かたくる》しくとられがちですが、まるでドラマのような展開になっています。だれもが共有《きょうゆう》すべき偉大《いだい》な真理は、わかりやすい表現で語られるものです。

アタイデ　同感です。池田会長とトインビー博士の対談を読むとき、それをよく理解することができます。私たちは、仏教をつらぬく「反差別の精神」に大きな信《しん》頼《らい》をいだいています。老若男女《ろうにゃくなんにょ》を問《と》わず、だれもが仏教の明快《めいかい》な教えによって、「真に新しいものが、人類に偉大《いだい》な未来を開いている」ということを、自身の魂《たましい》の奥底《おうてい》で実感《じっかん》することができます。

池田　だれもが尻込《しりご》みするなかで、いまだかつて維摩詰《ゆいまきつ》に会ったことがない文殊《もんじゅ》*師利菩薩《しりぼさつ》が、見舞《みま》いに行くことになります。文殊は、釈尊《しゃくそん》の後継者《こうけいしゃ》と目《もく》され、「法王」である仏《ほとけ》を継《つ》ぐものとして、「法王子」と位置づけられる菩薩です。文殊が、維摩にお見舞いの言葉を告《つ》げ、病気の原因、患《わずら》っている期間等を尋《たず》ねます。

　それに対して、維摩はこう答えるのです。

「マンジュシリー（＝文殊師利）よ、（世の中に）無知《むち》（無明《むみょう》）があり、存在への愛《あい》着《ちゃく》（有愛《うあい》）があるかぎり、私のこの病《やま》いもそれだけ続きます。あらゆる衆生《しゅじょう》に病いがあるかぎり、それだけ私の病いも続きます（＝衆生病《や》む故《ゆえ》に我《われ》病む）（中略）金持ちのひとりっ子が病気になったとき、その病気のせいで両親もまた病気になるようなものです。ひとりっ子に病気がなくならないかぎり、両親もなやみ続けます（中略）それと同じく菩薩はあらゆる衆生をひとりっ子のように愛するので（中略）菩薩の病気は大慈悲《だいじひ》から生《しょう》じるのです」（『維摩経』長尾雅人訳、『大乗仏典 7』所収、中央公論社）

一切《いっさい》の衆生《しゅじょう》をかけがえのない後継者《こうけいしゃ》である〝ひとりっ子〟のように愛し、心を遣《つか》うのが、菩薩《ぼさつ》の実践《じっせん》である。文殊《もんじゅ》自身が後継者と目《もく》されていたからこそ、あえて維摩《ゆいま》は苦悩《くのう》にあえぐ衆生こそ、仏《ほとけ》の真の後継者であることを悟《さと》らせようとしているのです。

知性豊かな声聞《しょうもん》や菩薩たちが、維摩に勝《か》てないことは、現実に民衆《みんしゅう》のなかで、民衆のために尽《つ》くす〝知恵《ちえ》と行動の人〟が、〝知識の人〟に勝《まさ》ることを教えています。

アタイデ　〝知識〟と〝知恵〟の間には、根本的《こんぽんてき》な違《ちが》いがあります。科学や技術の専門家であっても、現実の人生における障害《しょうがい》を〝人生の最高点〟へと転換《てんかん》できる〝知恵〟をもっているとは限《かぎ》らないのです。

池田　釈尊《しゃくそん》は、病人《びょうにん》を励《はげ》まし、体まで丁寧《ていねい》に拭《ふ》いてあげながら、弟子《でし》たちに語りかけます。「悩《なや》める人に尽くすことには、仏に尽くすことと同じ福徳《ふくとく》があるのだ」（『増一阿含経』巻四十）と。

釈尊が最後に説いた『涅槃経《ねはんきょう》』*には、「一切衆生の異《い》の苦《く》を受《う》くるは悉《ことごと》く如来一《にょらいいち》人《にん》の苦なり（一切衆生が受けるさまざまな苦《くる》しみは、ことごとく如来一人の苦しみである）」とあります。一切衆生のさまざまな苦しみをわが苦しみとして「同苦《どうく》」することが如来《にょらい》（仏《ほとけ》）の振《ふ》る舞《ま》いであり、仏の教えのままに実践《じっせん》する菩薩《ぼさつ》のあるべき姿《すがた》であることを説いています。

仏法は、すべての人の尊厳《そんげん》なる生命を基盤《きばん》として、「人権」を現実社会で確立《かくりつ》しゆくことをめざしています。ゆえに、自身の権利の主張にとどまらず、他者の人権のために行動することをうながすのです。それは、義務《ぎむ》ではありません。「菩薩」がみずからの使命に生きようとする「誓願《せいがん》」なのです。

人類の幸福を願い、人権の尊重《そんちょう》のために戦いつづける総裁《そうさい》の軌跡《きせき》は、まさしく「菩薩」に通ずるものです。

「世界人権宣言」のもたらした世界的影響《えいきょう》

アタイデ　第三委員会の作業《さぎょう》が終了し、各国の代表団が互《たが》いの健闘《けんとう》と成功を称《たた》え合って別れの挨拶《あいさつ》を交《か》わしていました。私は、ルネ・カサン博士、ルーズヴェルト女史《じょし》と言葉を交《か》わし、全人類の基本的な権利を保障《ほしょう》しうる時代が始まりつつあるという明るい展望《てんぼう》とともに、今後の歩むべき道程《どうてい》の遠さ、険《けわ》しさ、障害《しょうがい》の多さについて語り合ったのです。

池田　「人権の道」は終わりなき道です。一つの終わりは、また新たな出発です。「世界人権宣言」は、その後の世界に、国連はもちろんのこと、ヨーロッパ、アフリカにおける人権保障体制、さらには各国憲法《けんぽう》の人権条文《じょうぶん》にいたるまで、さまざまなレベルで影響《えいきょう》を与《あた》えました。一九五〇年十一月に採択《さいたく》された「ヨーロッパ人権条約《じょうやく》」*には、その前文《ぜんぶん》において「『世界人権宣言』を考慮《こうりょ》し」と表明されています。

国連では、一九六六年に採択された「国際人権規約《きやく》」*が代表的です。ここには、「第一世代の人権」と「第二世代の人権」という、二つの権利の主張が色濃《いろこ》く反映されています。

こうした取り組みは、国連の人権機構《きこう》の構築《こうちく》に寄与《きよ》するとともに、アメリカ、アフリカなどにおける人権保障機構の方向を決定づけるものとなりました。すなわち、六九年十一月にサン・ホセで署名《しょめい》された「米州《べいしゅう》人権条約」*も、前文で「世界人権宣言に従《したが》って、恐怖《きょうふ》と欠乏《けつぼう》からの自由を享受《きょうじゅ》する自由な人という理想」（田畑茂二郎・竹本正幸・松井芳郎・薬師寺公夫編『国際人権条約・宣言集』東信堂）と謳《うた》い、六三年五月にアジス・アベバにおいて採択《さいたく》された「アフリカ統一機構憲章《とういつきこうけんしょう》」＊も、その目的の一つに「国際連合憲章及《およ》び世界人権宣言を十分に尊重《そんちょう》して、国際協力を促進《そくしん》する」と高らかに宣言しております。国レベルにおいても、憲法《けんぽう》に反映された例は、ギニア（一九五八年）、マダガスカル（一九五九年）をはじめ、多く認《みと》められるところです。

アタイデ　今日《こんにち》、人権問題は世界のすべての地域で、人々の関心を集めているテーマです。「世界人権宣言」の三十カ条におさめられた要諦《ようてい》は、非常に深い内容であり、何かを付け加えたり、削除《さくじょ》したりする必要はないのです。「宣言」はまったく変更《へんこう》の余地《よち》のないものです。

人類史に光を放《はな》つその普遍性《ふへんせい》の意味

池田　「世界人権宣言」のタイトル原文《げんぶん》（The Universal Declaration of Human Rights)

をそのまま訳《やく》しますと「人権の普遍的宣言」となります。ここで、人類史に光を放《はな》つ、その〝普遍性《ふへんせい》〟の意味、内容とは何かを考えておきたいと思います。

「宣言」の〝核《かく》〟は「人間」です。人権を国家間の関係によってのみ規定《きてい》することなく、国際社会を構成《こうせい》する「人間」それ自体にまで焦点《しょうてん》を絞《しぼ》りこんでとらえている。そのような「本質的普遍性」のゆえに、まず、この「宣言」はすべての人類に適用《てきよう》されるものです。

アタイデ　私は、そうした思いをこめて総会における演説《えんぜつ》で訴《うった》えました。

「世界のすべての男女を代表して、これらの人々の権利がすべての民族の共同の働きによって守られるべきであることを、われわれは国際正義の名において、ここに厳《おごそ》かに宣言いたします」と。

池田　すべての国、地域に適用されるという〝普遍性〟――地球上のいずこにあっても、空間的《くうかんてき》な限定《げんてい》がないという点を強調されたわけですね。つまり「空間的普遍性」と言えるものです。それは、差別禁止《きんし》を定《さだ》めた「宣言」第二条*の二項に象徴《しょうちょう》的《てき》に表現されています。

「宣言」には、各種の人権宣言や各国の憲法《けんぽう》でバラバラに表明されていた権利と自由が一つに統合《とうごう》されています。さらに、国家レベルでは規定《きてい》することができない「超《ちょう》国家的な人権」についても宣言しています。

たとえば、国籍《こくせき》を規定した第一五条には「（一）何人《なんぴと》も、一つの国籍をもつ権利を有《ゆう》する。（二）何人も、ほしいままにその国籍を奪《うば》われることなく、また、その国籍を変更《へんこう》する権利を否認《ひにん》されることはない」とあるとおりです。

アタイデ　生まれた場所がどこであれ、あらゆる人間は、他の要素《ようそ》をなんら必要とせず、人間であるというだけで「宣言」の対象《たいしょう》となります。

池田　悠久《ゆうきゆう》なる人権史の潮流《ちょうりゅう》から見るとき、「世界人権宣言」には、人類誕生《たんじょう》以来の〝宗教的・根源的《こんげんてき》なるもの〟を根拠《こんきょ》とする〝具体的人権〟が統合《とうごう》され、新たなる展開《てんかい》の「起点《きてん》」ともなっています。その意味から、二十一世紀を超《こ》えて、はるかなる未来へと進化しゆく人類の歴史をつらぬく「時間的普遍性《ふへんせい》」をも具《そな》えていると思うのです。

アタイデ　来《きた》るべき世紀を律《りつ》するのは、疑《うたが》いなく、正義と自由をいだく人間自身です。この小さな惑星《わくせい》の人間の能力《のうりょく》が、人類の未来を開き推進《すいしん》する力《ちから》です。

非常に力強い表現力で書かれたこの「宣言」は、社会的、政治的、経済的な起源《きげん》を特定することなく、人間が〝人間である〟との条件により、どれほどのことを二十一世紀の世界に貢献《こうけん》できるかを示《しめ》すために作られたのです。

「三世間《さんせけん》」と「依正不二《えしょうふに》」の法理《ほうり》からみた人権

池田　人類の人権史の潮流《ちょうりゅう》をみますと、「第一世代の人権」の基盤《きばん》として「第二世代の人権」が、また「第一世代」「第二世代」のさらなる基盤として「第三世代の人権」が取り上げられ、人権の基盤がより広く、より深く拡張《かくちょう》されてきているように思います。

つまり、一個の人間の尊厳《そんげん》のために、その社会的地位の尊重《そんちょう》が求められ、さらにその人の生きる文化・社会環境や自然環境の尊重をも求められるようになってきているのです。

仏法には「三世間」*という考え方がありますが、この思想は、ある面では個人と社会・環境との関係を論《ろん》じたものであり、人権の深化《しんか》・拡張《かくちょう》の哲学的基盤《きばん》となる法理とも考えられます。

「三世間《さんせけん》」とは、「五陰《ごおん》世間」「衆生《しゅじょう》世間」「国土《こくど》世間」の三つです。ここで「世間」とは〝相違《そうい》〟を意味します。

五陰とは、人間を形成《けいせい》する五つの要素《ようそ》のことです。つまり、目に見える姿形《すがたかたち》、肉体的要素である「色《しき》」、感覚《かんかく》、感情、意志《いし》など精神的側面《そくめん》である「受《じゅ》」「想《そう》」「行《ぎょう》」「識《しき》」です。

人間生命の肉体的・精神的側面には種々《しゅじゅ》の違《ちが》いがあるというのが、「五陰世間」です。しかし、五陰世間を観察《かんさつ》するのは、違いを認識《にんしき》するのが目的ではなく、むしろ、現実の姿は異《こと》なるとはいえ、その本質・本性《ほんしょう》に「仏性《ぶっしょう》」が普遍《ふへん》的に輝《かがや》いていることを知る点にあります。

つまり、「五陰世間」は、あらゆる生命の本質が「平等」「尊厳《そんげん》」であることを説いています。これは、「世界人権宣言」の前文《ぜんぶん》と、人権の基礎《きそ》を定《さだ》めた第一、二条に深くかかわるものであり、まさに人権の基盤を構成《こうせい》しています。

アタイデ　仏教は人間がいかにして平等、自由、愛情によって生きていくかを教えてくれています。現在まで、いかなる教えも、信仰《しんこう》と希望とで成《な》り立《た》つ仏教の教義《きょうぎ》を超《こ》えたものはありません。仏教思想によってこそ、来世紀《らいせいき》を人権の世紀とすることができるでしょう。

池田　次に「衆生世間《しゅじょうせけん》」とは、五陰《ごおん》によってつくられた個々人の違《ちが》いです。個々人には人種、性、門地《もんち》、社会的地位などさまざまな違いがありますが、そのことに相当《そうとう》するでしょう。仏法は、そうした表面的な違いへの執着《しゅうちゃく》を超え、「自由」なる境地《きょうち》をめざすものです。

これは、「自由権」を主張した第三条から第二一条までの「第一世代の人権」に関するものといえましょう。

最後の「国土世間《こくど》」ですが、これは衆生が住む環境に種々《しゅじゅ》の違いがあることをいいます。この衆生と国土の関係は、「正報《しょうほう》」と「依報《えほう》」の関係としてとらえられます。「正報」とは、衆生の生命主体《しゅたい》であり、「依報」とは、衆生が「依《よ》りどころ」とする環境です。人間は、環境に働きかけて、その環境を破壊《はかい》することも、創造《そうぞう》することもできます。また、人々の肉体・精神の両面にわたる「人となり」は、その環境に育《はぐく》まれて、形成《けいせい》されてくるものです。

ここで言う「国土《こくど》」とは、衆生《しゅじょう》の住むあらゆる環境であり、人類の生存《せいぞん》を支《ささ》えるりなます。
自然環境をはじめ、私たちの心身両面《しんしんりょうめん》の生命全体を育《はぐく》むもののすべてが「国土」となります。

つまり、それぞれの民族や人種が、これまで築《きず》き上《あ》げてきた文化的・社会的環境も、重要な「国土」の要素《ようそ》となるのです。

アタイデ　各国家は、社会状況《じょうきょう》も生活環境もじつに多様《たよう》ではありますが、国民をそのアイデンティティーに一直線《いっちょくせん》に従属《じゅうぞく》させるものがあります。たとえばブラジルは深い〝根〟において、つねにブラジルであり、同じように日本もまた、国家の尊《そん》厳《げん》を根拠《こんきょ》づける〝根〟において、つねに日本であります。

池田　先ほども引いた『維摩経《ゆいまきょう》』で、釈尊《しゃくそん》は菩薩《ぼさつ》の住む「国土」について言及《げんきゅう》し、「衆生という国土こそ、実《じつ》は菩薩の仏国土《ぶっこくど》なのである」（前掲、長尾雅人訳）と述べています。菩薩にとっての「国土」というのは、衆生であるというのです。

そして、「直心《じきしん》」（まっすぐな求道心《きゅうどうしん》）「深心《じんしん》」（いちだんと深い求道心）「菩提心《ぼだいしん》」（悟《さと》りを求めようとの発心《ほっしん》）、＊六波羅蜜《ろくはらみつ》、＊四無量心《しむりょうしん》など、菩薩として衆生のために尽《つ》くす種々《しゅじゅ》の振《ふ》る舞《ま》いこそが、菩薩を養《やしな》い育むものとされているのです。このように、仏法の

「国土《こくど》」は、文化的・社会的土壌《どじょう》をも大きくつつみこむ概念《がいねん》なのです。

アタイデ　私たちは、仏法という、東洋なかんずく日本の偉大《いだい》な智慧《ちえ》の教えを知ることができました。ただ、残念《ざんねん》なことには、永遠《えいえん》に仏法の信仰《しんこう》と希望が息《いき》づく場所――日本の輝《かがや》かしい文化や美《うつく》しき自然の価値《かち》について、私は正確《せいかく》な知識をもっていません。

池田　仏法の正統《せいとう》を確立《かくりつ》された日蓮大聖人が聖誕《せいたん》された日本で、長い間、仏法の正《ただ》しき教えが見失《みうしな》われてきたことは残念です。しかし、仏法は、一国のものではなく、全世界の全人類のものです。

大聖人は、「衆生《しゅじょう》の心けがるれば土《ど》もけがれ心清《きよ》ければ土も清しとて浄土《じょうど》と云《い》ひ穢土《えど》と云うも土に二の隔《へだて》なし只我等《ただわれら》が心の善悪《ぜんあく》によると見えたり」（御書三八四ジペー）と述べられています。人々の精神の充足《じゅうそく》・成長なくして、真に人間らしい豊かな社会の実現はない。これは敷衍《ふえん》して言えば、社会的環境を形作《かたちづく》る人間精神の深い涵養《かんよう》をめざす言葉と言えましょう。

アタイデ　世界の民衆《みんしゅう》は、人種の違《ちが》い、社会・政治の違いから生《しょう》ずる差別意識《いしき》を乗《の》り越《こ》えて、池田会長の教えを学び求めているのです。会長の妙《たえ》なる提言《ていげん》は希望の夜明けをもたらすだけでなく、われわれの眼前に現実となって現れると確信しています。

池田　仏法では、人間とその環境、すなわち「正報《しょうほう》」と「依報《えほう》」は、二つに分けられるが、本来、一体《いったい》で不可分《ふかぶん》であることを、「依正不二《えしょうふに》」と説いています。そして、その根源《こんげん》には、宇宙と三世《さんぜ》をつらぬく〝普遍《ふへん》の妙法〟があることを明《あ》かしています。

このような考え方は、西洋にも見受けられます。フランスのジャック・マリタン氏は、人権を担《にな》う人間を「開かれた一つの全体」と位置づけています。人間は宇宙の〝普遍的なるもの〟を欠《か》けるところなく具《そな》えた「全体」であるとし、個々の人間を「一つの全体」と考えるのです。さらに、「一つの全体」である一個の人間は、小さく閉《と》じたものではなく、人間相互《そうご》はもちろん、宇宙をつらぬく〝普遍的なるもの〟に「開かれた」存在であるととらえています。（『人権と自然法』大塚市助訳、エンデルレ書店、参照）

仏法においては、人間は〝普遍の妙法〟を欠けることなく具えた存在であり、〝普遍の妙法〟は、人間とその依《よ》りどころである環境を離《はな》れては存在しません。ゆえに、すべての「人間」は〝平等なる尊厳性《そんげんせい》〟を本来的に具えているのです。

こうした仏法の法理《ほうり》と実践《じっせん》は、「第一世代の人権」（自由権）を支《ささ》える「第二世代の人権」（生存権《せいぞんけん》、社会権）を守り、さらに「第三世代の人権」の獲得《かくとく》へと向かう大きな力《ちから》となりうると確信します。

アタイデ　人間が世界のどこへ行っても「ここが自分の心の故郷だ」と言える時代が来るよう努《つと》めねばなりません。

池田会長は、人類の融合《ゆうごう》と調和《ちょうわ》のために、幾重《いくえ》にも文化と友好《ゆうこう》の橋をかけられている。そうした人々のネットワークのなかに確《かく》たる平和が築《きず》かれると思います。

第七章　「一人の尊厳《そんげん》」輝《かがや》く世界に向け

――人間らしさを守る「信教の自由」の保障《ほしょう》

「信教《しんきょう》の自由」の保障《ほしょう》と「政教分離《せいきょうぶんり》」の由来《ゆらい》

池田　これまで、総裁《そうさい》が、「世界人権宣言」を検討《けんとう》する第三委員会で発言されていたことを踏《ふ》まえて、人権獲得《かくとく》の歴史を振り返りました。人権の歴史においては、たしかに政治・経済的な諸権利の獲得も重視《じゅうし》されるべきですが、参政権《さんせいけん》にしても、財政権《ざいせいけん》にしても、それを主張し、表明する権利が認《みと》められなければ、画餅《がべい》にすぎません。

日本では、一九二五年、*普通選挙法が成立《せいりつ》した時、希代《きたい》の悪法《あくほう》である*治安維持法《ちあんいじほう》が同時に成立しました。成年《せいねん》男子の参政権が認められた一方、表現・結社《けっしゃ》の自由、ついには思想・信条《しんじょう》の自由さえ制限《せいげん》されることになってしまい、その結果が、*国家総動員法《そうどういんほう》にいたる軍国主義日本への道となったのです。

「良心《りょうしん》の自由」「思想・信条の自由」がなければ、他の諸権利を認める条項《じょうこう》が謳《うた》われても、有名無実《ゆうめいむじつ》に帰《き》していくしかないのです。だからこそ、「精神の自由」を確《かく》立《りつ》し、保障《ほしょう》することが何よりも大切です。

アタイデ　現代社会において、その重要さから、関心をもつべき第一のものとしてあげられるのが「信教《しんきょう》の自由」でしょう。

池田　同感です。「信教の自由」を否定《ひてい》することは、その人の人格を否定することにつながってしまう。世界の多くの人々にとって、みずから信じる宗教は、すでにその人の一部分になっているからです。

「信教の自由」を保障することは、人間らしさを守るために、きわめて大切なことであると思います。

環境と言い、平和と言っても、それを支《ささ》え守るのは人間です。人間の心です。そして、一人一人が自己実現をなしとげ、〝自分らしさ〟を確立《かくりつ》するには、豊かな心をはぐくむ〝自由〟が大切です。

かつて社会主義国では、建前《たてまえ》として「信教の自由」を認《みと》めつつも、「宗教はアヘン」とのイデオロギー的主張が優勢《ゆうせい》でした。

*ゴルバチョフ氏が推進《すいしん》した*ペレストロイカ（改革《かいかく》）による自由化の波は、人々の心にひそやかに息《いき》づいていた宗教心も解放しました。

ソ連では、一九九〇年十月一日、「良心《りょうしん》の自由と宗教団体に関する法律」が正式《せいしき》に承認《しょうにん》され発効《はっこう》しました。
これは、ゴルバチョフ政権下《せいけんか》で実現されつつあった「信教《しんきょう》の自由」を法的に確認し、成文化《せいぶんか》したものです。
アタイデ　アタイデ家《け》では、父親の高い教養《きょうよう》のおかげで、「信教の自由」がつねに一家《いっか》の関心の対象《たいしょう》であったことを思い出します。
池田　そうした家庭環境を基盤《きばん》として、総裁《そうさい》は鋭《するど》い人権感覚《かんかく》を磨《みが》かれた。また、それが「世界人権宣言」の作成にあたって、「信教の自由」の擁護《ようご》に貢献《こうけん》されることになった一因《いちいん》なのでしょうか。
アタイデ　「世界人権宣言」作成のさい、宗教の問題は私の担当でした。私は、「信教の自由」が基本的人権の一つであることを、全員に主張しました。
池田　総裁は、「世界人権宣言」の検討《けんとう》の折《おり》にも、第一八条（草案《そうあん》第一六条）について発言されていますね。
アタイデ　〝精神の自由〟に深い関心をいだいていたからです。
池田　第一八条は、最終的に「何人《なんぴと》も、思想、良心および宗教の自由を享有《きょうゆう》する権利を有《ゆう》する。この権利は、その宗教または信念を変更《へんこう》する自由、および、単独《たんどく》にまたは他人と共同して、公的《こうてき》にあるいは私的《してき》に、教育、行事《ぎょうじ》、礼拝《れいはい》および儀式《ぎしき》によってその宗教または信念を表明する自由を含《ふく》む」となっています。

議事録《ぎじろく》によりますと、イラク代表のアバディ氏は、この条文《じょうぶん》を三つに分けています。

すなわち、最初が「表現の自由」で、これは、宗教的、哲学的信念とともに、科学的意見も表明する自由に広げられるものである、と。

そして、次が「宗教の自由」。これは、人と〝神〟との関係についてのものである、と。

そして、最後が、「礼拝の自由」であり、これは個人と社会の関係である、としています。

アタイデ　この条項《じょうこう》の検討《けんとう》では、ソ連代表のパブロフ教授が、「良心《りょうしん》の自由」および「宗教の自由」という語を除《のぞ》いて「思想の自由」だけを謳《うた》った修正案《しゅうせいあん》を提起《ていき》しました。

「思想の自由」が法律で制限《せいげん》される危険性《きけんせい》

池田　このソ連の提案《ていあん》は、大いに論議《ろんぎ》を呼び、各国代表が種々《しゅじゅ》の発言をしていますね。

アタイデ　たとえば、チャン氏（中国）は、こう述べていました。

「西欧《せいおう》で人権思想が生まれた十八世紀から、『思想の自由』というのは人間の不可《ふか》欠《けつ》な自由の一つである。それはたしかに『宗教の自由』の概念《がいねん》を含《ふく》むものである。そして、『思想の自由』は、『良心《りょうしん》の自由』をも含むものである。しかし、世界の人《じん》口《こう》の大多数《だいたすう》に対するものとして、この『宣言』を考えるならば、〝あまりはっきりとそれぞれを明示《めいじ》する必要はない〟というソ連の修正案《しゅうせいあん》は妥当《だとう》ではない」と。

また、チャン氏は、彼に先立《さきだ》ってサウジアラビア代表が〝十九世紀の西欧列強《れっきょう》がアジアに対して植民地主義《しょくみんちしゅぎ》的支配《てきしはい》の確立《かくりつ》にあたり、宣教師団《せんきょうしだん》が本来の宗教的役割《やくわり》だけではなく、先兵《せんぺい》としての役割を果《は》たしていた〟と指摘《してき》したことに同感を示《しめ》しつつも、それを理由に「思想の自由」になんらかの制限《せいげん》を加えるような修正《しゅうせい》を行《おこな》うことには反対しました。

池田　チャン氏は、アタイデ総裁《そうさい》が指摘《してき》されているように、西洋と東洋の対立を超《こ》えた視座《しざ》から、この条項《じょうこう》を検討《けんとう》しようとしていた一人ですね。

アタイデ　また、アンセ・マティエンソ氏（ボリビア）は、「この草案《そうあん》第一六条は、〝人間の精神〟の重要な問題に関するものである。すなわち、宗教的信条《しんじょう》と相互《そうご》の寛容《かんよう》に関するものである」と、その重要性を指摘しています。プラサ氏（ベネズエラ）は、ソ連代表が、「思想の自由」に良心《りょうしん》・宗教の自由を含《ふく》めている一方で、当該国《とうがいこく》の法律による制限を加えることを認《みと》めようとしている点に異議《いぎ》を唱《とな》えていました。

池田　プラサ氏の懸念《けねん》は、よくわかります。「思想の自由」が法律で制限されることは、たいへんな危険《きけん》をはらみます。

私ども創価学会が第二次世界大戦当時に軍事政府から受けた迫害《はくがい》は、先ほど申し上げた「治安維持法《ちあんいじほう》」という思想統制《とうせい》の悪法《あくほう》にもとづいたものでした。

アタイデ　私もこの条項には高い関心をもっていました。自身の発言にあたって「『人権宣言』全体の中でも最も重要な条項である。人類は、つねに〝思想と良心の自由〟の権利を獲得《かくとく》するために戦い、苦闘《くとう》してきた」と強調したことをはっきり覚《おぼ》えております。

池田　人権闘争《とうそう》の歴史は、〝精神の自由〟の獲得のための闘争史です。総裁《そうさい》は、また、同条の後半に記《しる》されていたように、「宗教または信念を変更《へんこう》する自由」「礼拝《れいはい》および儀式《ぎしき》によってその宗教または信念を表明する自由」の部分にも言及《げんきゅう》されていましたね。

アタイデ　私は、こう発言しました。「この条項《じょうこう》の草案《そうあん》は、完璧《かんぺき》である。原則の表明につづいて列挙《れっきょ》された詳細《しょうさい》は、この条項の基礎《きそ》をなす哲学の精髄《せいずい》そのものである」と。

宗教は自由が保障《ほしょう》されてこそ真価《しんか》を発揮《はっき》

池田　宗教は、具体的な実践《じっせん》こそ〝生命〟です。実践なき宗教は〝死んだ宗教〟

です。

さて、ここで人権の歴史を振り返ってみますと、近代の人権史はまさに、「精神の自由」の獲得《かくとく》の歴史でもありました。なかでも、この「信教《しんきょう》の自由」は最重要の問題です。

創価学会は第二次大戦中、「信教の自由」のために戦い、初代会長はそのために獄死《ごくし》、戸田第二代会長も投獄《とうごく》されました。

戸田会長は、戦後、日本国憲法《けんぽう》によって「信教の自由」が保障《ほしょう》されたことの意《い》義《ぎ》を、力《ちから》をこめて訴《うった》えていました。正《ただ》しい信仰《しんこう》、正しい宗教は、自由が保障されてこそ、その真価《しんか》を発揮《はっき》するものです。

自由な競争《きょうそう》と言えば、古代インドの*アショーカ大王の時代がまさにそうでした。アショーカ大王は、法（ダルマ）を基《もと》にして、すぐれた治世《ちせい》を築《きず》いた聡明《そうめい》な王でした。大王は、仏法の理念を深く理解し、その理念をみずからの行動の原理として用《もち》いていましたが、決してその権威《けんい》や権力によって他の宗教を弾圧《だんあつ》することはありませんでした。

その*法勅《ほうちょく》を見ると、むしろ、他の諸宗教をも保護《ほご》しようとしていたことがわかります。

自由な競争《きょうそう》さえ保障《ほしょう》されれば、宗教は宗教の次元《じげん》で勝負《しょうぶ》できます。だからこそ、アショーカ大王は、諸宗教の間での対話をも勧《すす》めているのです。

日蓮大聖人もまた、『立正安国論《りっしょうあんこくろん》』をもって時の政治的実力者《じつりょくしゃ》に訴《うった》え、また、＊忍性《にんしょう》（良観《りょうかん》）ら当時の有力《ゆうりょく》な宗教家たちとの公開討論《とうろん》を求められています。皆が自分の目で見、耳で聞いて、自分の頭を使って判断《はんだん》していくことを重《おも》んじられているのです。御書には、他宗派《たしゅうは》の誤《あやま》りをただす個所《かしょ》が多くありますが、それは他宗派の言《い》い分《ぶん》をも明確《めいかく》に記《しる》して、その論難《ろんなん》を打《う》ち破《やぶ》っていく形式です。大聖人は、相手の言い分もきちんと理解したうえで対話を行《おこな》おうとされていたことをうかがわせるものです。

諸宗教の人々が、小さな宗派性にとらわれずに、真に人類全体の幸福を求めて納得《なっとく》の対話を積《つ》み重《かさ》ねていけば、必ずや正《ただ》しい結論《けつろん》が導《みちび》かれてくるにちがいありません。

そして、民衆《みんしゅう》は賢明《けんめい》です。多くの人を長期間、だましつづけられるものではありません。低劣《ていれつ》な教えからは、やがては民衆は離《はな》れていきます。権威《けんい》・権力の押し付けも、長い眼《め》で見れば、成功した例は一例もありません。

とはいえ、いや、それゆえにこそ、権威《けんい》・権力の宗教への不要《ふよう》な介入《かいにゅう》を避《さ》けるために、政治の宗教に対する中立《ちゅうりつ》を確立《かくりつ》すること、すなわち「政教分離《せいきょうぶんり》」の原則の確立が大切なのです。

アタイデ　第三回国連総会では、宗教に関して、政府は「中立」の立場を取るべきだという見解《けんかい》に落ち着きました。こうして、すべての信仰《しんこう》および宗教はその地位を確立したのです。

池田　「中立」と言うのは、政府が特定の宗教団体を支援《しえん》しない「政教分離」と言うことです。

たとえばフランスは、その歴史的経緯《けいい》のゆえに、これまで「政教分離」に厳格《げんかく》でした。フランスは、中世において〝カトリック教会の長女〟と位置づけられるほどのカトリック国であり、二十世紀初頭まで、カトリックは事実上の国教的《こっきょうてき》地位を占《し》めていました。

一方、フランス革命《かくめい》後、共和制に敵対《てきたい》する王制支持《おうせいしじ》者《しゃ》を、カトリック教会が支援したことから、共和制政府とカトリックの対立が激化《げきか》し、国家が特定の宗教を支持することに対して、強い制限《せいげん》を加えるようになりました。

こうして、一九〇五年に政教分離法《せいきょうぶんりほう》が制定《せいてい》され、「政教分離」の原則が確立《かくりつ》されていきます。

具体的には、カトリックに資金的援助《しきんてきえんじょ》をはじめとする保護《ほご》を加えていたのをやめ、特定のどの宗教も保護しない原則が確立したのです。

アタイデ　国家はすべての宗教および宗派《しゅうは》に対して、より完全で差別のない自由を保障《ほしょう》するという重大《じゅうだい》な義務《ぎむ》を有《ゆう》しており、「中立《ちゅうりつ》」と言う言葉は、かならずしも適《てき》しているとは言えません。

政府に期待されるのは、完全で確かな「宗教的自由」のために、各種の学校に対して資金を公平《こうへい》に配分《はいぶん》することです。この問題は、今世紀のはじめ、とくにフランスにおいて、広く主張されるようになりました。

池田　フランスの学校のかなり多くは、宗教団体によって設立《せつりつ》されたものであり、宗教教育が行《おこな》われていました。当時の政府は、宗教教育を行っている学校に資金的援助をしませんでした。このため、特定の宗教を信じている人は十分な教育を受けられなくなり、かえって教育の機《き》会均等《かいきんとう》という人権が侵害《しんがい》されるという大きな問題が起こってきました。

アタイデ　当時のフランスでは、教育への援助《えんじょ》をめぐって、当局《とうきょく》の非妥協的《ひだきょうてき》な態《たい》度《ど》のため、内閣《ないかく》の倒壊《とうかい》にさえいたっています。

池田　現在では、フランスでも、親が希望すれば、寄宿舎《きしゅくしゃ》のある学校に司祭《しさい》を置けるようにするなど、柔軟《じゅうなん》な対応《たいおう》が見られています。

また、ドイツでは、各宗教団体へ税を分配《ぶんぱい》して積極的《せっきょくてき》に保護《ほご》しています。特定の宗教を国教《こっきょう》とはしないものの、宗教団体に特別な地位を認《みと》めているのです。

中世ドイツにおいて、すべての住民が自分の住む地域の教会に所属《しょぞく》するという社会制度があり、人々は教会税を納《おさ》めていました。近代でもその名残《なごり》として、国が教会税を代《か》わりに集めて、各教会に分配するという制度になっていました。

アタイデ　ブラジルもまた、帝政《ていせい》の終わりにちょっとした宗教問題がありました。ただブラジルは、今日《こんにち》、すべての宗教に対して、きわめて寛容《かんよう》な国であると指摘《してき》できます。

この寛容さは、ブラジル人の性格の一部となっています。ブラジルは、歴史から見ても開かれた国であり、信仰《しんこう》の自由が最大に保障《ほしょう》されています。

その一方で、宗教への寛容《かんよう》さを悪用《あくよう》し、犯罪的手段《はんざいてきしゅだん》を用《もち》いて、宗教の名をかり富《とみ》を求める者がいます。これらは、罰《ばっ》せられなければなりません。

自《みずか》らの欲望《よくぼう》で教団を衰亡《すいぼう》させた聖職者《せいしょくしゃ》たち

池田　「人間のための宗教」が、いつしか「宗教のための宗教」になって、腐敗《ふはい》、堕落《だらく》していった姿《すがた》は、仏教にもあります。

歴史的にみて、教団を衰亡させていったのは、深い信仰心《しんこうしん》からの供養《くよう》を享楽《きょうらく》や欲望のために使う聖職者たちです。

インドで、仏教が滅《ほろ》びた原因《げんいん》も、僧院《そういん》に閉《と》じこもって、民衆《みんしゅう》の供養の支《ささ》えで生きていた僧たちが堕落《だらく》して、民衆の信頼《しんらい》を失《うしな》ったことにあると指摘《してき》する学者もいます。また、敦煌文書《とんこうぶんしょ》によると、敦煌の衰退《すいたい》の大きな原因は、堕落した僧侶《そうりょ》たちが高《こう》利貸《りが》しなどまで行《おこな》い、民衆を苦《くる》しめていたことにありました。

アタイデ　世界でも、宗教、政治、司法《しほう》などに汚職《おしょく》や暴力《ぼうりょく》がはびこっています。また、聖職者《せいしょくしゃ》やその仲間《なかま》が私腹《しふく》を肥《こ》やすことを目的とした宗教が非常に増えています。

ところが、誤《あやま》った聖職者への非難《ひなん》を宗教的迫害《はくがい》ととり違《ちが》えて、聖職者を護《まも》るために、個人的犠牲《ぎせい》をいとわない〝狂信者《きょうしんしゃ》〟が現《あらわ》れます。それは、実際に起こっていることを正《ただ》しくとらえる力《ちから》が、まったく欠落《けつらく》しているからです。

池田　私たちの身近《みぢか》にもいます。何が正しい信仰《しんこう》かを見失《みうしな》い、あまねく人間の真の幸福を願った創始者《そうししゃ》の精神をまったく理解せず、ただ権威《けんい》に服従《ふくじゅう》している。正しき宗教とは、民衆《みんしゅう》を賢明《けんめい》にするものであるはずです。それゆえ、私どもは、真実と正義をつねに叫《さけ》びつづけているのです。

宗教は人間性を深くはぐくむ土壌《どじょう》であり、信仰をもつことは人間の本来のあり方と言えましょう。ゆえに、人類進化の過程《かてい》で、人間らしさを知る指標《しひょう》として、宗教心の有無《うむ》が取り上げられるのです。

後《のち》ほどくわしく述べますが、人権とは、「全人格的な発展」であるとの主張が高まっております。

人間が人間らしく生きるために必要なすべてが、人権として保障《ほしょう》されなければなりません。人間が人間らしく生きる——そのためには、精神の自由の確立《かくりつ》が何にもまして大切なのです。

アタイデ　宗教の問題について語るとき、その精神の卓越性《たくえつせい》を示《しめ》す優《すぐ》れた例が池田会長です。

私は、池田会長を〝世界の教育者〟、地球改革《かいかく》を進める〝創造的《そうぞうてき》第一人者〟の一人であると思っています。

宗教の問題は、「世界人権宣言」と、その精神を来世紀《らいせいき》にどう伝えていくかをめぐる、この対話の全般にかかわる問題であり、二十一世紀の最も重要な問題の一つになるでしょう。

池田　フランスの哲学者ヴォルテールの言葉に、「私は、お前の言うことに反対だ。だが、お前がそれを言う権利を、私は命《いのち》をかけて守る」とあります。人間の権利は厳守《げんしゅ》されなければなりません。そのために、どこまでも「対話の王道《おうどう》」を進むことが大事であると信じています。

アタイデ　私たちの対話の目的は、「世界人権宣言」に基礎《きそ》をおく新たな人間主義が、二十一世紀において、どのように出現《しゆつげん》するかを知ることにあるのです。

池田会長が数々の著作《ちよさく》によって人類に貢献《こうけん》されている目的は、私自身が「世界人権宣言」で貢献しようとした目的と合致《がつち》するものです。

第八章

「人権の新世紀」への確《かく》たる軌道《きどう》

――未来を創《つく》る教育への情熱

「心田《しんでん》」を耕《たがや》すということの意味

池田　この章では、「教育と人権」をテーマに進めたいと思います。「世界人権宣言」という、人類の大いなる遺産《いさん》を受《う》け継《つ》いでいく意味でも、私は「教育」の重要性を、強調しても強調しすぎることはないと思っています。

アタイデ　子どもたちは、われわれの〝未来の番人《ばんにん》〟であり、何世代にもわたって培《つちか》われた〝遺産〟の継承者《けいしょうしゃ》です。「宣言」採択《さいたく》へ向けて検討《けんとう》を重《かさ》ねた国連の第三委員会において、第二六条*「教育の権利」（草案《そうあん》第二三条）について私は訴《うった》えました。「教育を受ける権利が万民《ばんみん》のものであることは疑《うたが》いの余地《よち》はありません。人類の財産を共有《きょうゆう》する権利は、現代の文明のベース（基礎《きそ》）であり、何人《なんぴと》に対してもこれを拒否《きょひ》することはできないのです」と。

池田　私が、若き日愛読《あいどく》した文豪《ぶんごう》ヴィクトル・ユゴー*は『レ・ミゼラブル』（豊島与志雄訳、岩波文庫）において、「あらゆる社会的の麗《うるわ》しい光輝《こうき》は、科学、文学、美術、および教育から生《しょう》ずる」「人を作れ、人を作れよ」と記《しる》しています。

未来のために人を作る――ここに、一切《いっさい》の原点がある。終着点《しゅうちゃくてん》があります。「教育」に焦点《しょうてん》を定《さだ》めるところに、「人間性の世紀」「人権の世紀」への確かな軌道《きどう》があります。

アタイデ　私はさらに訴《うった》えました。「教育なしには、人間生活の目的であり、社会のもっとも堅固《けんご》な基盤《きばん》である人格を豊かにすることはできません。教育は、進歩のための第一前提《ぜんてい》であるのです」と。

池田　総裁《そうさい》のお話をうかがいながら、釈尊《しゃくそん》の一つのエピソードを思い出しました。釈尊が、マガダ国の南山の村エーカナーラにあったときのことです。古き聖職者《せいしょくしゃ》のバラモンから「あなたもまた耕《たがや》せ、また種《たね》を播《ま》け。耕して種を播いたあとで食《く》え」と詰問《きつもん》された釈尊は、「わたくしもまた耕して種を播く」（『ブッダのことば』中村元訳、岩波文庫）と答える。

『耕田《こうでん》』という仏典《ぶってん》には、*偈《げ》の形式で、釈尊の振《ふ》る舞《ま》いが美しい情景《じょうけい》によせて語られています。

「信仰《しんこう》が種子《たね》である。苦行《くぎょう》が雨である。智慧《ちえ》がわが軛《くびき》と鋤《すき》とである。（中略）この耕作《こうさく》を行《おこ》なったならば、あらゆる苦悩《くのう》から解《と》き放《はな》たれる」(前掲『ブッダのことば』)と。

つまり、〝信〟が、「心田《しんでん》」――人間生命の土壌《どじょう》――に播《ま》かれた〝種子《たね》〟となり、この〝種子〟に雨が降《ふ》る。雨とは調御《じょうご》、すなわち心身《しんしん》をよく制御《せいぎょ》することです。そして、〝智慧《ちえ》〟の鋤《すき》で「心田」を耕すことによって〝種子〟が発芽《はつが》し、生命に内在《ないざい》する無限の可能性《かのうせい》を開花させることができるのです。

そこに、すべての苦悩を超克《ちょうこく》した境涯《きょうがい》を築《きず》き、永遠《えいえん》に不壊《ふえ》の幸福の人生を歩む根本《こんぽん》の軌道《きどう》があります。

人間精神の荒野《こうや》を耕して、豊かな人格を創《つく》り、幸福な人生という収穫《しゅうかく》を得《え》ることとは、何にもまして大切なことです。

明治時代、日本の教育の発展に貢献《こうけん》したクラーク博士*は、先哲《せんてつ》の言葉を引いて、こう強調しました。

〝国において、国民がいなければ、それは国といっても国ではない。人に心や志《こころざし》がなければ、人といっても人ではない。だから、人の「心田」も耕さなければ、あってないようなものである。ゆえにその国の国民にとって最も貴重《きちょう》なものは、よく耕された「心田」である〟と。(『札幌農黌第一年報』佐藤秀顯訳、開拓使、参照)

最も大事なものは、人間の心です。「心田《しんでん》」をどう耕《たがや》すかに一切《いっさい》の根本《こんぽん》があります。

アタイデ　賛成です。教育の問題を無視《むし》して、一国が経済的、社会的に発展することは不可能《ふかのう》であると強く自覚《じかく》しています。

池田　「文化」を意味する〝culture〟（カルチャー）の語源《ごげん》をさかのぼると「耕す」の意味があり、「土地を耕す」ことから「心の田を耕す」に転《てん》じ、やがて「修業《しゅぎょう》・教養《きょうよう》」の意味になったとされます。心田を耕し豊饒《ほうじょう》にしゆくところに、豊かな文化が芽吹《めぶ》き、花咲いていくものです。

仏典《ぶってん》には、「悦《よろこば》しきかなや・楽《たのしい》かなや不肖《ふしょう》の身として今度《こんど》心田に仏種《ぶつしゅ》をうえたる」（御書二八六㌻）とあります。心田に「仏種」という、人生の無上《むじょう》の価値《かち》を創《つく》り、崩《くず》れざる幸福を築《きず》きゆく種子《しゅし》を植えることの大切さが、いたるところで説かれているのです。

アタイデ　わかります。私の考えでは、教育の問題を論《ろん》ずる前に、文化について考えるべきだと思います。なぜなら、教育とは、文化的な習慣《しゅうかん》と研究の成果《せいか》であるからです。

しかし、それは一方が他方《たほう》に勝《まさ》っているということではなく、社会のコンセンサス（合意《ごうい》）と習慣《しゅうかん》に従《したが》い、両者が手をたずさえていかなければならないということを意味しています。

池田　個々人がみずからの無限の可能性《かのうせい》に目覚《めざ》めることによって、国家の発展も人類全体の進歩も実現できるのです。

人間一人一人の開花を、「人権」として保障《ほしょう》しようとした「世界人権宣言」は、その先駆的業績《せんくてきぎょうせき》と言えましょう。

アタイデ　教育によって、人々が「人権宣言の真の擁護者《ようごしゃ》は自身である」と明確《めいかく》に、また客観的《きゃっかんてき》に自覚《じかく》したときに、「世界人権宣言」はその真価《しんか》を発揮《はっき》します。

価値創造《かちそうぞう》の能力《のうりょく》を開発するために

池田　牧口初代会長は創価教育学をうちたてましたが、教育の目的について、「そもそも国民教育の目的は何か。私は、教育学者流に、哲学などの理論から入って、七面倒《しちめんどう》な解釈《かいしゃく》をするよりは、（教師である）あなたの膝《ひざ》もとに預《あずか》る、かわいい子どもたちを『どうすれば将来、一番幸福な生涯《しょうがい》を送らせることができるか』という問題から入っていくほうが、今はふさわしいと感じるものである」と、子どもたちに注《そそ》がれる慈愛《じあい》こそ、教育の礎《いしずえ》となることを主張しています。（『牧口常三郎全集 4 地理教授の方法及び内容の研究』第三文明社、参照）

アタイデ この十年間で、約一千万人のブラジルの子どもたちが、エイズの犠牲《ぎせい》者《しゃ》となる可能性《かのうせい》があると聞いたことがあります。私の心は痛《いた》み、どうしたら子どもたちをその理不尽《りふじん》な死から救《すく》い出《だ》せるのかと自問《じもん》し、良心《りょうしん》の苦悩《くのう》をおぼえたことがあります。

私も、恐怖《きょうふ》により苦《くる》しめられている人のため、また、貧困《ひんこん》の犠牲者となっている人々のため、さらには全人類の福祉《ふくし》、法的保障《ほうてきほしょう》、生命の安全のために努力をかたむける「指導者」の「指導者」になることを願っています。

池田 感銘《かんめい》しました。「指導者」の「指導者」――それは偉大《いだい》なる哲学と人格によって、世界を変えていく人です。

アタイデ　私たちは、新しい世紀にふさわしい、新しい展望《てんぼう》を創《つく》りあげねばなりません。新しい理念を、愛をもって追求《ついきゅう》しなくてはなりません。そのためには、これまで人類が行《おこな》ってきたことのなかから、人間にとって「善《よ》きもの」を取り出すことが必要です。

池田　デイル・ベセル*教授は、牧口会長の独創的《どくそうてき》な「人間教育」に注目《ちゅうもく》し、次のように語っています。

「歴史に残るような教育者の業績《ぎょうせき》は数多《かずおお》く知ってはいましたが、牧口氏の研究を進めていくうちに特に私の心をひいたのは、氏が『人間を中心にした教育』を目指《めざ》し、かつ実践《じっせん》に移《うつ》していることだったのです。このことは、私の求めていた教育の理想でもあったのです」（創価学会教育部人間教育研究会編『世界市民と創価教育』第三文明社）と。

牧口会長は、小学校の校長として、「人間教育」を実践しながら、『創価教育学体《たい》系《けい》』を完成しました。それは、「児童《じどう》の実際的生活に接触《せつしょく》ない、砂上《さじょう》の楼閣《ろうかく》の様《よう》な」教育ではなく、児童の幸福を願い、児童の立場に立った教育でした。

「創価」の言葉に端的《たんてき》に言《い》い表《あらわ》されているように、「子どもたちの直観力《ちょっかんりょく》や感覚《かんかく》を養《やしな》い、価値《かち》創造《そうぞう》の能力《のうりょく》を開発していく」ところにその本義《ほんぎ》があります。みずからの内面《ないめん》から、創造的英知をみずみずしく輝《かがや》かせ、価値創造の人格を涵養《かんよう》していく。これこそ、時間や場所を超《こ》えて、万人《ばんにん》が幸福を実現していく普遍的《ふへんてき》な力《ちから》となるでしょう。

牧口会長は、教育について、こうも述べています。

「知識の切売《きりうり》や注入《ちゅうにゅう》ではない。自分の力で知識する（＝学習する）ことの出来《でき》る方法を会得《えとく》させること、知識の宝庫《ほうこ》を開く鍵《かぎ》を与《あた》へることだ。労《ろう》せずして他人の見出《みいだ》したる心的《しんてき》財産を横取《よこど》りさせることでなく、発見発明《はつめい》の過程《かてい》を踏《ふ》ませることだ」（『牧口常三郎全集 6　創価教育学体系（下）』第三文明社）と。

アタイデ　残念《ざんねん》ながら今日《こんにち》、子どもたちは、教えられている科目、教師の教え方にほんのわずかしか関心を示《しめ》しません。教師がしかるべく教えていないのであれば、生徒がしかるべく学んでいないのは驚《おどろ》くにはあたらないのです。

池田　本質をついた言葉です。〝ブラジル文学史上最高の作家〟と言われるマシャード・デ・アシス*は、短編《たんぺん》『学校物語』の中で、教室の授業に関心をもたない一人の少年像を描《えが》いています。

主人公《しゅじんこう》の少年ピラルは、理解が早く、文章《ぶんしょう》も上手《じょうず》に書く、優秀《ゆうしゅう》な生徒の一人ですが、原っぱや丘《おか》のことを思い浮かべて、たまらなく外を歩きたくなり、学校に来たことを後悔《こうかい》しているのです。

ある日のこと、学校では、作文の授業が始まる。ピラルは早々《そうそう》に書き上げてしまう。教師はというと、生徒には目もくれず、教壇《きょうだん》でその日の新聞にかじりついて読んでいる。

すると、なかなか授業についていけない生徒ライムンド——彼は教師の息子《むすこ》なのですが——が、ポケットから銀貨《ぎんか》を取り出して、それと交換《こうかん》に構文《こうぶん》の説明をしてくれるようにピラル少年に提案《ていあん》する。

しかし、その様子《ようす》を盗《ぬす》み見《み》ていた生徒に密告《みっこく》され、ピラルとライムンドの二人は、しっぺい棒《ぼう》で手が赤くはれ上がるまで叩《たた》かれる。その体験から、ピラル少年は「堕落《だらく》」と「密告」という「初歩的《しょほてき》な知識」を与《あた》えられたというのです。（『学校物語・他4篇』古野菊生訳注、大学書林、引用・参照）

アタイデ　著作《ちょさく》でも有名ですが、マシャード・デ・アシスは、ブラジル文学アカデミーの創設者《そうせつしゃ》としても著名《ちょめい》で、私が最も尊敬《そんけい》する人物です。

池田　いかにすれば、子どもたちの興味《きょうみ》の扉《とびら》を開くことができるのか。その焦点《しょうてん》の一つは、子どもたちの「知恵《ちえ》」を、どのように開発していくかにかかっています。「知恵」を開発するために、これまで遊離《ゆうり》していた生活と教育、生活と学問のあり方を改《あらた》め、「生活と学問の一体化」をはかろうとした点に、創価教育の特徴《とくちょう》の一つがあります。

それゆえに、牧口会長は、子どもたちが生活する場・郷土《きょうど》から学んだことと、学校で学習したことを、どう連動《れんどう》させるかに心をくだきました。

「郷土科」を中心としたカリキュラムもその一つです。各教科を理解する基礎《きそ》として、また、知識を応用《おうよう》する場として、さらに児童がもっている雑然《ざつぜん》とした知識を整理し、統合《とうごう》し、相互《そうご》の関係を明らかにするために、「郷土科」を設《もう》けようとしたわけです。

郷土を愛し、自分の生活している場を愛するという、人間本然《ほんねん》の心情《しんじょう》というものは、そのまま世界を愛するグローバルな心につながるのではないでしょうか。牧口会長は、最初の著作《ちょさく》『人生地理学』の中で、「郷民《ごうみん》」であるとともに、「国民」であり、「世界民」であるとの自覚《じかく》から出発すべきことを訴《うった》えています。郷土と世界を絶《た》えず視野《しや》において思索《しさく》し、行動する。そこに、「世界市民」としての資質《ししつ》を養《やしな》い、「民主主義」を支《ささ》える基盤《きばん》が築《きず》かれていくと思うのです。

「幸福の追求《ついきゅう》」は人生と教育の目標

アタイデ　良識的《りょうしきてき》かつ能動的《のうどうてき》で、多くの人が満足《まんぞく》できる確固《かっこ》たる民主主義を形成《けいせい》するためには、民衆教育《みんしゅう》がその基礎《きそ》となることは、多く語られるところです。その民衆教育について、米国《べいこく》の例を引き合いに出して考えますと、トーマス・ジェファーソン*は次のようにつづっています。

「国民の大衆《たいしゅう》教育に関心が払《はら》われることを期待する。欠《か》くことのできない自由を擁護《ようご》することは、大衆教育に依存《いそん》していると私は確信している」と。

偉大《いだい》な政治家にして思想家であったジェファーソンは、生まれたばかりの米国の民主主義の命運《めいうん》を、人権と自由を完全に擁護できるか否《いな》か、そして、民衆の教育レベルがどうかという点にかけたのです。そこに民主政府を維持《いじ》する根本《こんぽん》があったからです。

池田　ジェファーソンは、アメリカ独立《どくりつ》宣言の起《き》草者《そうしゃ》として、人類の歴史に大いなる足跡《そくせき》を残しました。ジョン・ロックが権利の内容としてかかげた「生命・自由・財産」を、彼が「生命・自由・幸福の追求《ついきゅう》」と改《あらた》めたことは、独立宣言の意義《いぎ》をいっそう深め、普遍的《ふへんてき》なものにしました。

「幸福の追求」——それは人権の内容であるとともに、教育の目的でもあります。牧口会長は「人生の目的をあえてひと口《くち》でいえば、それは『幸福』である」と考えていました。

さらに、幸福とは「自分だけが仕合《しあわ》せであれば、他は如何《いかん》でもよいといふ利己《りこ》主義の幸福ではなくて、その中心に自分が居《い》るにせよ、吾々《われわれ》の生活は社会と共存共栄《きょうそんきょうえい》でなくては、暫《しばら》くでも真の安定《あんてい》は得《え》られないといふことを意識《いしき》しての上に求むる幸福」(『牧口常三郎全集　5　創価教育学体系(上)』)としていました。

アタイデ　人を教育するということは、一人一人に人生の困難《こんなん》を乗《の》り越《こ》えるための土台《どだい》をつくることです。とともに、人間が他の人と仲良《なかよ》く社会、地域の繁栄《はんえい》を考え、めざし、ともに暮《く》らしていくために教育があるのです。

池田　牧口会長は、「教育の目的は、人生の目的と一致《いっち》しなければならない」と主張しています。すべての人々が価値《かち》創造《そうぞう》の主体者《しゅたいしゃ》である——これが、人間の生きる権利を最大限に尊重《そんちょう》する教育の何よりの証《あかし》でしょう。

アタイデ　アメリカ合衆国《がっしゅうこく》の建国者《けんこくしゃ》の一人であるジョン・アダムズ＊は、富裕層《ふゆうそう》から貧困層《ひんこんそう》まで、すべての社会階級へ教育を普及《ふきゅう》させることが、国をうまく治《おさ》め、その統一《とういつ》を維持《いじ》するための不可欠《ふかけつ》の条件であると主張しました。歴史家たちは、米国《べいこく》の歴史上、ひときわ輝《かがや》くこの時代に、政府がすべての教育段階《だんかい》において、高水準《こうすいじゅん》の教育を施《ほどこ》すために努力したことを特筆《とくひつ》しています。

池田　文字どおり、「国家百年の計《けい》は教育にあり」と言えましょう。一つの国家の偉大《いだい》さを表《あらわ》すものは、「教育立国《りっこく》」であるか否《いな》かであると言えます。ジェファーソンの偉大さは、独立《どくりつ》宣言でアメリカ精神の原点を示《しめ》しただけでなく、みずから教育の分野でも大きな貢献《こうけん》をしたことです。

アタイデ　そうです。そのとおりです。ジェファーソンは、彼自身が計画し、デザインしたバージニア大学を設立《せつりつ》したとき、八十歳を超《こ》えていました。同大学は建《けん》築学上《ちくがくじょう》、「全国で最も美しく、かつ調和《ちょうわ》のある建物《たてもの》」と言われています。

ジェファーソンを米国《べいこく》の最も重要な人物の一人とするのは、その功績《こうせき》はもとより、みずからすべての時間を教育に捧《ささ》げたことがあげられます。西部において大衆《たいしゅう》教育のための用地《ようち》として、必要な土地を寄付《きふ》させる政令《せいれい》をつくったのも彼でした。議会図書館《ぎかいとしょかん》を設立《せつりつ》し、その発展のために労力《ろうりょく》と資金《しきん》を費《つい》やし、世界的に評価《ひょうか》されるまでにしたのも、彼であることを忘《わす》れることはできません。

「民主主義の価値《かち》」とは、国民のすべての層《そう》に無償《むしょう》かつ無差別に提供《ていきょう》される教育の質《しつ》の良《よ》し悪《あ》しと、規模《きぼ》の大きさにより測《はか》られるものと言えます。

教育という「聖業《せいぎょう》」への献身《けんしん》

池田　総裁《そうさい》はご自身でも、学校の創設《そうせつ》を進められているとうかがいましたが、どのような構想《こうそう》の学校なのでしょうか。

アタイデ　政治にたずさわる人を育成するための学校「政治研究院」です。リオデジャネイロの北東《ほくとう》に位置するカンポス市にありますが、ここは文化活動のさかんな豊かな都市で、砂糖《さとう》やアルコール、石油《せきゆ》などを生産《せいさん》しており、ブラジルで最初に電灯《でんとう》がついたことを誇《ほこ》りにしています。

また、ここには、広い面積《めんせき》を有《ゆう》する国際文化院があり、過去三年間に三万人を超《こ》える訪問客《ほうもんきゃく》が来た「ソラール・ダ・バロネーザ（男爵夫人邸《だんしゃくふじんてい》）博物館《はくぶつかん》」があります。私はその横に、ハーバード大学のJ・F・ケネディ政治学院を模範《もはん》とする「政治研究院」を創設《そうせつ》することを決めました。

池田　J・F・ケネディ政治学院は、私もご招待《しょうたい》をいただき、「ソフト・パワーの時代と哲学」と題して講演《こうえん》したことがあります。（『池田大作全集　2』収録）総裁《そうさい》のご構想《こうそう》が実現することを祈《いの》っています。

アタイデ　ご理解に感謝《かんしゃ》します。一万六千平方メートルの建物《たてもの》は、努力と忍耐《にんたい》の積《つ》み重《かさ》ねによって、校舎建設《こうしゃけんせつ》が終わりました。

この学校は、人間性豊かな政治リーダーを育成《いくせい》することを目的とします。学校を実際に機能《きのう》させ、モラルある人間を公共《こうきょう》の目的に仕《つか》える専門家として育成し、能力《のうりょく》ある新しい世代の政治家を輩出《はいしゅつ》できれば、ブラジルは民主主義を守ることができるでしょう。新しい世代の台頭《たいとう》なくしては、現在の規則無視《きそくむし》と誤謬《ごびゅう》が繰《く》り返《かえ》されるだけで、民主制度を擁護《ようご》することは不可能《ふかのう》です。

このように、新たな世代の政治家を育成することのみが、軍による権力奪回《だっかい》の可《か》能性《のうせい》を回避《かいひ》することになるでしょう。

カンポス市における政治家養成《ようせい》学校を創《つく》るために努力することは、自由を望《のぞ》み、あらゆる種類の差別に反対する社会を、ブラジルに、いわば世界の一部に建設《けんせつ》することを保障《ほしょう》するものです。

池田　創価学会も「創価教育学会」として出発したことは、先に申し上げたとおりです。「教育は人格価値《かち》の創造《そうぞう》なり」との信念をかかげ、生命を賭《と》して軍国主義と戦った牧口会長、そして、師とともに教育の実践者《じっせんしゃ》として奮闘《ふんとう》した戸田第二代会長。私は両会長の遺志《いし》を受《う》け継《つ》いで、教育事業に最大の努力を払《はら》ってまいりました。

一九六八年に創価中学・高校を、一九七一年には創価大学を創立《そうりつ》、その後、小学校・幼稚園を創立し、一貫《いっかん》した人間教育の実現に全力《ぜんりょく》を注《そそ》いできました。

創価大学はモットーとして、

①　人間教育の最高学府たれ

②　新しき大文化建設《けんせつ》の揺籃《ようらん》たれ

③　人類の平和を守るフォートレスたれ

をかかげています。いまだ歴史の浅い大学ですが、今日《こんにち》まで世界の約五十の大学との交流が進んでいます（二〇〇九年七月現在、百六の大学と交流）。二十一世紀には、この学舎《まなびや》から人類の平和に貢献《こうけん》する人材が、陸続《りくぞく》と輩出《はいしゅつ》されると確信しています。

アタイデ　池田会長は、十年以上も前から私の精神を虜《とりこ》にしてきました。それは、会長に〝未来を指《さ》し示《しめ》す者〟以上の者、すなわち、「教育」を起点《きてん》として、新たな精神に人類を導《みちび》く指導者の姿《すがた》を見たからです。

池田　もったいないお言葉に襟《えり》をただす思いです。私は教育という聖業《せいぎょう》のために、残された時間のすべてを捧《ささ》げていきたいと決心しています。

教育は未来を創《つく》るものです。世界の哲学史をひもといて、古代ギリシャの哲学者ソクラテスをみても、プラトンやパイドン*をはじめ多くの弟子《でし》を育てています。そして、有名な『ソクラテスの弁明《べんめい》』の末尾《まつび》において、ソクラテスは、多くの弟子たちが自分の遺志《いし》を継《つ》いで、人々に知を愛し、求めさせる実践《じっせん》をつづけていくであろうと、弟子《でし》たちへの無限の信頼《しんらい》を表明しています。

アタイデ　池田会長が創立《そうりつ》された創価大学と同じ崇高《すうこう》な目的のために、私も大学（政治研究院）を創立しました。私は大学創立のために苦慮《くりょ》しているがゆえに、池田会長が偉大《いだい》なる教育者であることを、深く感じることができるのです。

私たちが創立した大学は、二十一世紀において不可欠《ふかけつ》となる、普遍的《ふへんてき》理想主義のために貢献《こうけん》するでしょう。そして、世界が一つとなり、平和追求《ついきゅう》の行進を開始するという至上《しじょう》の願望《がんぼう》をかなえてくれるでしょう。その願望は民主主義の理想が存続《そんぞく》するかぎり保障《ほしょう》されるでしょう。

ブラジルの「教育」の道

池田　総裁《そうさい》の偉大な祖国《そこく》ブラジルが建設《けんせつ》されるうえで、教育はどのような役割《やくわり》を果《は》たしたのですか。

アタイデ　ブラジルの教育はサンパウロでアンシェッタ神父《しんぷ》により始められ、それが拡大《かくだい》したことを忘《わす》れてはなりません。現在、数々の文化的価値《かち》が創造《そうぞう》されておりますが、その端緒《たんしょ》とイニシアチブ（主導権《しゅどうけん》）は、神父と宗教団体によることを認《にん》識《しき》する必要があります。

池田　十六世紀半《なか》ば、ポルトガルから南米大陸に渡《わた》った六人のイエズス会士《かいし》の精《せい》力的《りょくてき》な活動は、よく知られるところです。

他の多くの植民者《しょくみんしゃ》たちは、ブラジルを〝征服《せいふく》〟し、原住民《げんじゅうみん》を隷属《れいぞく》させ、富《とみ》を〝奪《うば》う〟ことに終始《しゅうし》した。ツヴァイクの言葉を借《か》りれば、「野蛮《やばん》な土地を文明化するかわりに、自《みず》らが野蛮化していった」（『未来の国ブラジル』宮岡成次訳、河出書房新社）。そのなかにあって彼らは、宗教的信条《しんじょう》から、ブラジルに秩序《ちつじょ》を〝与《あた》え〟ようと努力した。原住民や混血児《こんけつじ》のための学校も建《た》てている。彼らの貢献《こうけん》が、後《のち》にブラジルという一つの国がまとまる遠因《えんいん》ともなっています。

アタイデ　植民地時代には、ポルトガルはブラジルが文化的に発展することを警《けい》戒《かい》し、ブラジル人が（ポルトガルの）コインブラ大学で学ぶことを命《めい》じたり、留学《りゅうがく》させせたりしました。それは植民地時代《しょくみんちじだい》が終わるまでつづきました。そのため、宗主国《そうしゅこく》において卒業したエリートのブラジル人研究者が出現《しゅつげん》しました。

ブラジルの独立《どくりつ》により、われわれはみずからの運命を担《にな》う自由を手にしたのです。その結果、ブラジルの各地で専門の単科《たんか》大学がつくられました。たとえば、有名なレシーフェ法科《ほうか》大学、同様《どうよう》に権威《けんい》あるサンパウロ法科大学、バイア医科《いか》学校、そして、オウロプレット鉱山《こうざん》学校などです。

共和制になって初めて、総合大学と文科《ぶんか》、科学および美術大学を創設《そうせつ》する考えが出始《ではじ》めました。

現在は、それぞれが専門化し、数多《かずおお》くの大学となっています。それからずっと後になって、すなわち、一九三〇年以降に、最初の総合大学であるリオデジャネイロ連邦《れんぽう》大学が生まれ、それにつづいて、同様に権威ある他の総合大学が創設されたのです。

池田　「教育の権利」を獲得《かくとく》する闘争《とうそう》は、「信教《しんきょう》の自由」を求める闘争と並《なら》んで、「精神の自由」をめぐる重要な人権闘争でした。「運命」は教育のなかにあり、「自由」は教育とともにあります。

万人《ばんにん》が人間らしく生きていくことを阻《はば》もうとする抑圧者《よくあつしゃ》の横暴《おうぼう》を打《う》ち破《やぶ》り、権力を民衆《みんしゅう》と人間のもとに従属《じゅうぞく》させていく道を開くのは、「教育」をおいてほかにありません。

「教育」を無視《むし》して発展は不可能《ふかのう》

アタイデ　さて、五十年間にわたり、非識字者《ひしきじしゃ》の問題に熱心《ねっしん》に対処《たいしょ》してきた数多《かずおお》くの研究者の努力にもかかわらず、この問題はひきつづきブラジルの汚点《おてん》でありつづけ、ブラジルをラテン・アメリカでも最も遅《おく》れた国に位置づけています。非識字者を根治《こんち》するためになされた数多くの組織による試《こころ》みも、問題の大きさの前に失敗《しっぱい》に帰《き》しているのです。

池田　残念《ざんねん》ながら、今なお、世界の成人人口の四人に一人にあたる、約十億人が読み書きができないとも言われており、識字率《りつ》の向上《こうじょう》は、最重要課題《かだい》の一つです。

ブラジルの識字《しきじ》運動では、『被抑圧者《ひよくあつしゃ》の教育学』等の著者《ちょしゃ》であるパウロ・フレイレ*博士が知られております。博士は、たんなる成人識字学習をめざしたのではなく、抑圧され、搾取《さくしゅ》され、文字を奪《うば》われている人々の、対話と学習を通した「人間化（ヒューマナイゼーション）」をめざしました。文字を獲得《かくとく》すると同時に、現実世界を読み取って、積極的《せっきょくてき》に社会に働きかける主体《しゅたい》となっていく過程《かてい》を、博士は「意識化《いしきか》」と名づけております。

この方法は、たとえば三百人の労働者《ろうどうしゃ》が四十五日間で文字を獲得するほど画期的《かっきてき》であったようです。一九六三年六月から、ブラジル教育省は、フレイレ博士の方法で全面的な識字キャンペーンを展開《てんかい》することになります。

しかし、この運動は六四年四月一日の軍部クーデターによって挫折《ざせつ》しています。

アタイデ　二十一世紀において、人類の発展は、時代と空間《くうかん》の新たな状況《じょうきょう》に応《こた》えられるものになってほしいものです。それは、指導者、教育者の責務《せきむ》でありますが、そうした発展のために、文化を次世代《じせだい》に伝達《でんたつ》しなければなりません。だからこそ、その根底《こんてい》に教育をおいた運動を推進《すいしん》することが、最も大切になってくるのです。とくに非識字者への公的《こうてき》な、根気強《こんきづよ》い取り組みは、その出発点として基本的なものです。

池田　ともあれ、識字《しきじ》は「人間」らしさを支《ささ》える核《かく》の一つとなるものです。非識字率《りつ》の高い国では、文字が読めないために就労《しゅうろう》できなかったり、財産を失《うしな》ったりするのみならず、母親が農薬《のうやく》を医薬品《いやくひん》と間違《まち》えて子どもに与《あた》えてしまうといった悲劇《ひげき》も起こっており、「教育」こそ人権擁護《ようご》の大前提《だいぜんてい》であることを痛感《つうかん》させられます。

アタイデ　ところが、政府がきわめて困難《こんなん》な財政状態《ざいせいじょうたい》にあるとき、文化が絶対的に必要とするものは、真《ま》っ先《さき》に削減《さくげん》される対象《たいしょう》となることがあります。ブラジルの継続的《けいぞくてき》な経済危機《きき》がご存《ぞん》じのように大きなものであるため、初級から上級までのさまざまな段階《だんかい》の教育が、政府による緊縮《きんしゅく》財政の被害者《ひがいしゃ》となっています。

池田　発展途上国《とじょうこく》では、初等《しょとう》および基礎的《きそてき》な教育さえも受けられない子どもたちも、数多《かずおお》くいるという現実があります。従来《じゅうらい》どおりの先進国《せんしんこく》から途上国への経済援《えん》助《じょ》も必要なことですが、教育のための国際的な支援《しえん》の重要性も、自立《じりつ》のために欠《か》くことのできないことです。

冷戦《れいせん》の終結《しゅうけつ》という事態《じたい》は、もはや膨大《ぼうだい》な軍事費《ぐんじひ》に税金《ぜいきん》を使うという理由をなくしています。

また、先進諸国《せんしんしょこく》も不況《ふきょう》と失業《しつぎょう》に悩《なや》まされるなかで、人類的な課題《かだい》――地球環境保全《ほぜん》、「教育を受ける権利」などを実現していくために人類に残された選択肢《せんたくし》は、各国が軍事費を削減《さくげん》し、その一部を使うことのほかにないと思っています。

私はかねてから、従来《じゅうらい》の司法《しほう》・行政《ぎょうせい》・立法《りっぽう》の三権分立《さんけんぶんりつ》というシステムから教育権を独立《どくりつ》する「四権分立的」発想《はっそう》に立った「教育国連」設立《せつりつ》の構想《こうそう》を主張してきました。

従来、国連は主権《しゅけん》国家の利益が衝突《しょうとつ》する弊害《へいがい》にさらされてきました。

しかし、教育事業は、人権の世紀を築《きず》くための根本的《こんぽんてき》な事業であり、国家利益に従属《じゅうぞく》したものであってはならない。私は、「世界人権宣言」の精神を現実のものにしていくために、「人類益《えき》」という立場を根本とした「教育国連」の必要性を主張してきました。

二つの世界大戦を経験し、多くの地域紛争《ふんそう》のなかで、あらゆる悲惨《ひさん》を見てきた私たちが、未来の世代のためになさねばならない最大の事業こそ、「教育を受ける権利」の実現だからです。

アタイデ　そのとおりです。第二次世界大戦直後《ちょくご》、私たちには、教育に関する諸問題が現代の最も深刻《しんこく》な問題であるとの認識《にんしき》がありました。

これにたずさわる人はだれでも、現在の国際的なモラルや経済の混乱《こんらん》に起因《きいん》する困難《こんなん》が、あちこちに待《ま》ち構《かま》えていることを知っていました。物質的条件のみを考慮《こうりょ》して、これらの諸問題を解決しようとするのは危険《きけん》なのです。

来《きた》るべき一千年への調和《ちょうわ》と団結《だんけつ》を求めて

アタイデ　ブラジルにおいて、誇《ほこ》れるものは、スポーツ、小説《しょうせつ》や著作物《ちょさくぶつ》の普及《ふきゅう》であると思います。
たとえば、現代、比《くら》べるもののない地位を築《きず》き上《あ》げたジョルジェ・アマード、ブラジル文学アカデミー初代総裁《そうさい》でもある作家マシャード・デ・アシス、国民的なテーマを題材《だいざい》にした長編作品《ちょうへんさくひん》を著《あらわ》し、ブラジル思想の文化的普及《ふきゅう》に寄与《きよ》したジョゼ・デ・アレンカールなどが挙《あ》げられます。彼らの作品はブラジル自体の発展をもたらし、世界的にも著名《ちょめい》です。

池田　さらに、お国はサッカーが有名ですね。芸術・スポーツといった〝世界の共通語〟こそ、国際社会の理解と調和《ちょうわ》のために重要な役割《やくわり》を担《にな》っています。

アタイデ　現在、文化的伝統《でんとう》により先進国《せんしんこく》として尊敬《そんけい》されている国々においてさえも、教育の衰退《すいたい》が問題となっています。これは、ブラジルを含《ふく》む発展途上国《とじょうこく》のみの問題ではなく、民衆《みんしゅう》を文化的に高いレベルに引き上げ、調和をはかろうと苦慮《くりょ》している、すべての国への脅威《きょうい》であると言えます。

池田　同感です。教育の本質は、ヒューマニズムです。ゆえに教育の衰退《すいたい》は、ヒューマニズムの後退《こうたい》であり、文化の敗北《はいぼく》につながってしまいます。

アタイデ　民衆の文化レベルの向上《こうじょう》と調和は、二十一世紀には完全に達成しなければならない夢なのです。まもなく始まる世紀には、新たな価値観《かちかん》と新たな原則が提示《ていじ》されるでしょう。それは私たちの世紀の偉大《いだい》なオープニングであり、調和と団結《だんけつ》に向けて、世界を目覚《めざ》めさせることになると信じています。

池田　貴国《きこく》の文壇《ぶんだん》の巨匠《きょしょう》アマードは、「人種混交《こんこう》は、（＝人類の）ヒューマニズムにとってわれわれブラジル人の最大の貢献《こうけん》であり、混血《こんけつ》はブラジル最大の財産である」（田所清克著『ブラジル――カーニバルの国の文化と文学』泰流社）と、貴国《きこく》の美質《びしつ》を一言《ひとこと》で表現しています。ブラジルの人種と民族の調和《ちょうわ》の姿《すがた》は、地球時代の先取《さきど》りとも言うべきものです。

アタイデ　感謝します。世界の調和と団結《だんけつ》という点において、池田会長は最も勤《きん》勉《べん》な活動家であり、来《きた》るべき一千年の未来における、すべての願望《がんぼう》を代表している人です。

池田会長は、現代における希望の体現者《たいげんしゃ》であるのみならず、希望を超《こ》える存在です。会長は、あらゆる種類の差別、とくに人種差別の排除《はいじょ》のために、偉大《いだい》にして革命的《かくめいてき》な力《ちから》をおよぼしています。そして私たちは共同で、永遠《えいえん》につづく創造《そうぞう》のために、すぐ崩《くず》れてしまう砂浜《さきゅう》のような場所ではなく、堅固《けんご》な土地の上で働いていると確信します。

池田　あまりにも過分《かぶん》なお言葉です。私のほうこそ、総裁《そうさい》の偉大な人格が、ブラジルの精神を燦然《さんぜん》と輝《かがや》かせていることに感嘆《かんたん》しております。世界の平和と調和のため、自由の勝利のため、民衆《みんしゅう》の栄光のために、日々奮闘《ふんとう》しているわがＳＧＩの友一人一人への励《はげ》ましとして、受けとめさせていただきます。

『法華経《ほけきょう》』に説かれる「開示悟入《かいじごにゅう》」の法理《ほうり》

池田　最後に、私は、教育すなわち〝教え育《はぐく》むこと〟の原点として、仏《ほとけ》が衆生《しゅじょう》を導《みちび》く姿《すがた》に言及《げんきゅう》したいと思います。

大教育者であった牧口会長が、なぜ『法華経』の教えに入り、「創価教育」を築《きず》いたのか。それは「美《び》」「利《り》」「善《ぜん》」という「人格価値《かち》」を一人一人の内側から引き出す鍵《かぎ》を、『法華経』の法理に見いだしたからでもあります。

『法華経』の方便品《ほうべんぼん》では、一人一人に具《そな》わる〝内《うち》なる尊厳《そんげん》〟を開き、その力《ちから》を発《はっ》揮《き》させることこそ、仏がこの世に出現《しゅつげん》した究極《きゅうきょく》の目的、すなわち「一大事因縁《いちだいじいんねん》」であると説きます。

同品《どうほん》では、さらに、仏の出現の目的を「開示悟入の四仏知見《しぶっちけん》」として説いています。人々に対して、おのおのに具わっている「仏の知見」を「開」かせること、

「示《しめ》」すこと、「悟《さと》」らせること、現実に仏《ほとけ》の道へ「入《い》」らしめること、この「開示《かいじ》悟入《ごにゅう》の四仏知見《しぶっちけん》」こそ仏の究極《きゅうきょく》の目的なのです。

「仏知見」とは、すべての人に内在《ないざい》する、仏の生命（仏性《ぶっしょう》）に具《そな》わった智慧《ちえ》の働きを指《さ》します。慈悲《じひ》に輝《かがや》く偉大《いだい》なる智慧こそ、「仏知見」なのです。

アタイデ　仏教の根本《こんぽん》に関する池田会長の教えは、私にインスピレーションと活力《かつりょく》を与《あた》えてくれるものです。

池田　「開示悟入」について、さらにくわしく説明させていただきます。

まず「開《かい》」ですが、仏がこの世界に現《あらわ》れた目的は、すべての人々の生命の〝扉《とびら》〟をあけ、「平等」に具わった「仏知見」を、「開《ひら》」き顕《あらわ》すということです。

「示《じ》」とは、仏がすべての人々に内在する「仏知見」を「示す」ことであります。教師としての仏の智慧と慈悲にふれさせ、それらが衆生《しゅじょう》自身に厳然《げんぜん》と在《あ》ることを、「示」し教えるのです。

「悟《ご》」とは、みずからにも仏と同じ智慧と慈悲があることを覚知《かくち》し、体現していくのです。仏典《ぶってん》には「師弟感応《していかんのう》して受け取る時如我等《にょがとうむ》無異《い》と悟るを悟仏知見と云《い》うなり」（御書七一七ジペー）とあります。師と弟子《でし》の生命が感応するところに、衆生は仏と〝平等〟の「知見《ちけん》」を覚知《かくち》するというのです。

そして、「入《にゅう》」とは、衆生自身《しゅじょう》に具《そな》わる仏《ほとけ》の智慧《ちえ》と慈悲《じひ》により、人間完成への最高の道へと入ることを言います。

すべての人々を「平等」に、勇気と歓喜《かんき》の生死――生と死をも乗《の》り越《こ》えていく絶対的幸福境涯《きょうがい》に導《みちび》くことこそ、仏の「一大事因縁《いちだいじいんねん》」なのです。それは「教育」の究極《きゅうきょく》の目的とも合致《がっち》するものです。

このように考えるとき、『法華経《ほけきょう》』の教説《きょうせつ》と「世界人権宣言」に示《しめ》された精神は、人類普遍《ふへん》の〝内《うち》なる尊厳《そんげん》〟に立脚《りっきゃく》し、その本性《ほんしょう》を自由自在《じざい》に開き、発揮《はっき》させることをめざすという点で共鳴《きょうめい》しあっていると言えましょう。

アタイデ　池田会長は、あらゆる差別から解《と》き放《はな》たれた、自由なる精神が横溢《おういつ》する人権の尊《とうと》さを、つねに肯定《こうてい》することをめざされています。なぜならば、あらゆる差別から解き放たれた自由によってのみ、老若男女《ろうにゃくなんにょ》は、仏教でとらえるところの正《ただ》しい人権を獲得《かくとく》できるからです。

池田　鋭《するど》き洞察《どうさつ》です。〝内なる尊厳〟＝仏の生命をみずから開くことができるゆえに、すべての人々は「平等」に仏になりえるのです。そこには、いかなる差別も存在しません。

それゆえ、方便品《ほうべんぼん》では「如我等無異《にょがとうむい》（我《わ》が如《ごと》く等《ひと》しくして異《こと》なること無《な》からしめん）」――仏《ほとけ》と衆生《しゅじょう》は「平等」で異なることはない――と説き、つづいて譬喩品《ひゆほん》では、仏みずからすべての人々を「皆是《みなこ》れ吾《わ》が子」と呼ぶのです。仏はすべての人々を〝侵《おか》すべからざる尊厳《そんげん》なるもの〟として大切にする。ここに人間尊厳の究極《きゅうきょく》の〝不可《ふか》侵性《しんせい》〟が示《しめ》されます。

すべての人々が、すばらしい未来を開きゆく豊潤《ほうじゅん》な可能性《かのうせい》をもつ――その可能性を存分《ぞんぶん》に発揮《はっき》させるために、「世界人権宣言」に指《さ》し示されているように、互《たが》いに「尊厳」と「平等」を認《みと》め合い、それぞれの「自由」を保障《ほしょう》していくことが肝要《かんよう》と言えましょう。

冷戦《れいせん》の終結《しゅうけつ》以後、残念《ざんねん》なことに、世界の各地で、偏向《へんこう》したナショナリズム（国家主義、民族主義）、レイシズム（人種差別）の過激《かげき》な活動が勃発《ぼっぱつ》しています。まさに今こそ、「世界人権宣言」の「第一条」に象徴的《しょうちょうてき》に示されているように、「良心《りょうしん》」と「理《り》性《せい》」に輝《かがや》く〝内《うち》なる尊厳〟への尊重《そんちょう》と、そこに立脚《りっきゃく》する人権の擁護《ようご》が切望《せつぼう》されていると確信します。

第九章

「新たなる千年」に向けて

――「宇宙」と「人間」を貫《つらぬ》く尊厳《そんげん》の光源《こうげん》

ペレストロイカの本質と「新思考外交《しんしこうがいこう》」

池田　二十一世紀を志向《しこう》し、「人権の闘士《とうし》」として輝《かがや》ける足跡《そくせき》を残されたアタイデ総裁《そうさい》は、二十世紀をどのように位置づけられますか。

アタイデ　われわれが生きてきた今世紀の民衆《みんしゅう》は、みずからの生存《せいぞん》に対する最も激《はげ》しい変革《へんかく》を経験してきました。私は、急速《きゅうそく》に変化しているこの時代を、「光の世紀」と名づけたことがあります。

池田　今世紀の人類は、二つの大戦の苦渋《くじゅう》を味わい、社会主義の興亡《こうぼう》を経験しました。この激動《げきどう》の世紀とともに生きてこられた総裁にとって、「光の世紀」という言葉には、深い思いがこめられていると思います。〝光〟のごとく過ぎ去った二十世紀は、残念《ざんねん》ながら、世界の多くの民衆に、〝光彩《こうさい》〟ばかりではなく〝暗闇《くらやみ》〟をもたらしました。

今世紀は、いまだかつてない「戦争の世紀」であり、未曾有《みぞう》の人権が抑圧《よくあつ》された

「抑圧《よくあつ》の世紀」でありました。核《かく》の脅威《きょうい》や地球環境の悪化《あっか》など、人類全体の生存《せいぞん》を脅《おびや》かす諸問題が噴出《ふんしゅつ》してきた二十世紀を、「メガ・デス（大量死）の世紀」と名づけた学者もいます。

それゆえに、目前《もくぜん》に迫《せま》った二十一世紀を、太陽のごとく人間主義に光《ひか》り輝《かがや》く「人権の世紀」にしたいというのは、人々の共通の願いです。

アタイデ　池田会長が、ＳＧＩの崇高《すうこう》な宗教性を基盤《きばん》に、静かに推進《すいしん》される戦いは、皆が待望《たいぼう》するものであり、他に比類《ひるい》のないものでしょう。

私は、今世紀に池田会長とミハイル・ゴルバチョフ氏がなしとげた業績《ぎょうせき》を記《しる》しとどめたいと思います。というのも、お二人は、哲学・社会・政治に対する鋭《するど》い洞察《どうさつ》と思考力《しこうりょく》をもって、世界を舞台《ぶたい》に貢献《こうけん》されているからです。

池田　恐縮《きょうしゅく》です。ゴルバチョフ氏とは、これまで何度か対話を重《かさ》ねてきました。氏は、アタイデ総裁《そうさい》と同様《どうよう》、〝行動の人〟です。みずからの地位に安住《あんじゅう》することよりも、人類の未来のために尽《つ》くしてきた。空前《くうぜん》の革命的《かくめいてき》な「改革《かいかく》」を行《おこな》い、冷戦《れいせん》の時代を終結《しゅうけつ》させ、地球の新時代を開いた傑出《けっしゅつ》した人物であることは、間違《まちが》いありません。

アタイデ　一九九二年、ゴルバチョフ氏が、ブラジルを訪問《ほうもん》された折《おり》、わが文学アカデミーは、その功《こう》を称《たた》えて「最高栄誉賞《えいよしょう》」を贈りました。式典《しきてん》では、私みずから議長を務《つと》め、アカデミーを代表してスピーチを行《おこな》いました。

「あなたは人々が善意《ぜんい》の心から望《のぞ》んだ平和のために、比類《ひるい》なき勇気をもって戦った。……あなたはたんなる国家元首《げんしゅ》ではなく、希望の回復者《かいふくしゃ》であり、自由を求める現代の民衆《みんしゅう》の愛のなかから生まれた人である」と。

ゴルバチョフ氏は、受賞にあたってこうあいさつしました。

「私は私自身の名をあげようとは思いません。私はすべて、私たちの子どもたち、孫たちのために行動したいのです。

また、アタイデ総裁《そうさい》のすばらしい言葉に感謝《かんしゃ》します。アタイデ総裁といえば、ブラジルの良心《りょうしん》であります。私は、今、これまで以上に多くの責任《せきにん》を感じます。とともに、私には、より以上の理解と支《ささ》えができたと感じています」と。

池田　重《おも》みのある言葉です。総裁は、ゴルバチョフ氏が進めた「改革《かいかく》」をどのように評価《ひょうか》されますか。

アタイデ　私は、ペレストロイカも「世界人権宣言」の一つの具体化であると考えています。ペレストロイカの本質は、国際化の原理であり、すべての国家が共通の利益を得《え》るために団結《だんけつ》することです。もはやかつての国境《こっきょう》はなくなり、全世界の人に精神的・物質的協力を呼びかける新たな枠組《わくぐ》みが存在しています。

主権《しゅけん》の概念《がいねん》は変わり、今や、より自由で、より安全で、〝愛〟がより大きくなるための方法を使うことになるのです。それは、〝新たな世紀〟の夜明《よあ》けを告《つ》げるものと言えます。ゴルバチョフ氏の進めた「新思考外交《しんしこうがいこう》」は、核兵器廃絶《かくへいきはいぜつ》への新しい流れを開きました。

池田　一九八五年十一月、氏のイニシアチブで、米《べい》ソ首脳《しゅのう》会談が実現しました。それは先の見通《みとお》しがたたない状況《じょうきょう》にあった米ソ関係に、大きな転機《てんき》をもたらすことになりました。かねてから、米ソの首脳が直接会って、平和への道を率直《そっちょく》に語り合うことを提言《ていげん》してきた私にとっても、その実現はじつに喜ばしいことでした。

その結果、二年後には、史上初《しじょうはつ》の核兵器削減《さくげん》を実現した＊ＩＮＦ（中距離核戦力《ちゅうきょりかくせんりょく》）全廃条約《ぜんぱいじょうやく》の締結《ていけつ》がなされたのです。大きな歴史のうねりのなかで、四十余年《よねん》にわたる東西冷戦《れいせん》のピリオドを打つ役割《やくわり》を、氏は次々と果《は》たしていきました。ゴルバチョフ氏は、過去の指導者がなしえなかったことを、現実のものとしたのです。

アタイデ　ペレストロイカとグラスノスチ*（情報公開）の後の世界には、広島と長崎が経験した核《かく》戦争の悲劇《ひげき》は二度と起きないでしょう。われわれはその悲劇から、対話の力《ちから》、合意《ごうい》と善意《ぜんい》の力、相互《そうご》理解と連帯《れんたい》の力が、人類を脅《おびや》かすすべての悪の力に勝利できるという教訓を学んだからです。これによって、未来への不安はなくなったと信じます。

池田会長の戦いは、ゴルバチョフ氏がなしとげた偉業《いぎょう》に勝《まさ》るものです。なぜなら、対話による納得《なっとく》の力で、武器《ぶき》がもたらす不安をこの世界から消滅《しょうめつ》させているからです。

人類の生《せい》の営《いとな》みは停滞《ていたい》してはいません。平和・友愛・相互理解を確かなものにするという高潔《こうけつ》な願望《がんぼう》によって、新たな発見への歩みをつづけているのです。

池田　一九九〇年、初めてゴルバチョフ氏とクレムリンで会見したとき、氏は私にこう語りました。

「『核のない世界を築《きず》こう』『暴力《ぼうりょく》よりも対話を』と提唱《ていしょう》したとき、多くの人々は『ユートピアだ』と笑いました。けれども見てください。今では、それが現実になろうとしているのです」――。

氏は、人類の目の前で、核兵器《かくへいき》をなくしていくことは可能《かのう》であるという、偉大《いだい》な証明《しょうめい》をしてくれました。

平和は人類の基盤《きばん》です。いったん戦争、まして核戦争となれば、一個の人間の尊厳《そんげん》など瞬時《しゅんじ》に破壊《はかい》されてしまうからです。

アタイデ　二十一世紀には、人類が古代から求めつづけてきた願望《がんぼう》が花開くでしょう。この願望を達成することは、人類の哲学、思想、社会そして政治の歴史に、最も重要な転機《てんき》として刻《きざ》まれることになるでしょう。

平和に生きる権利

池田　先に、「人権」の概念《がいねん》が「第一世代」「第二世代」から、人間に十分な自然・社会環境を保障《ほしょう》する、「第三世代の人権」へと展開《てんかい》していることにふれました。

「第三世代の人権」のなかでも、「平和的生存権《せいぞんけん》」は、憲法《けんぽう》などで認《みと》められている基本的人権を包括《ほうかつ》する基本権といわれます。

一九五七年九月、恩師戸田城聖《じょうせい》第二代会長は、「原水爆《げんすいばく》禁止宣言」を発表しました。

原水爆は絶対悪であり、その使用は「人類に対する犯罪《はんざい》」として、いかなる国家の大義《たいぎ》名分《めいぶん》による使用《しよう》にも反対したのです。

その理由として、恩師は「われわれ世界の民衆《みんしゅう》は生存《せいぞん》の権利をもっている」と叫《さけ》びました。世界の民衆が幸福に生きる。これは、人類の永遠《えいえん》の願いです。

アタイデ　世界中のすべての人々の幸福は、〝力《ちから》〟によってではなく、それを超《こ》える〝理性《りせい》〟によって築《きず》かれるということを語ることは重要なことです。それを最も訴《うった》えている第一の存在がＳＧＩであります。

私も一九四八年十二月十日の宣言において、それを要求《ようきゅう》しました。その日から、ついに人間は、立ち上がったと言うことができます。

人類のより高貴《こうき》な願いが達成されなければならない新世紀の入り口にいる今こそ、人権の侵害《しんがい》をもたらす戦争と革命《かくめい》は、人類への警告《けいこく》であったと受けとめなければなりません。

私には、人間の良心《りょうしん》から生まれた根本的《こんぽんてき》な原則を擁護《ようご》しながら、三十条に要約《ようやく》された人権宣言にもとづいて、二十一世紀には浄化《じょうか》せねばならない〝虚偽《きょぎ》の価値《かち》〟と対抗《たいこう》しゆく責任《せきにん》があるのです。

池田　「われわれ世界の民衆《みんしゅう》は生存《せいぞん》の権利をもっている」——。恩師戸田先生が叫《さけ》んだこの「生存の権利」と、「第二世代の人権」の「生存権」について、ここで少し述べておきたいと思います。

「第二世代の人権」としての「生存権」は、「第一世代の人権」である「自由権」と併置《へいち》される人権です。十八、十九世紀型の自由放任《ほうにん》の原則は、現実には、貧富《ひんぷ》の差を拡大《かくだい》し、さまざまな不平等をもたらしました。

無秩序《むちつじょ》な自由、幸福の追求《ついきゅう》は、一方で、多くの貧困者《ひんこんしゃ》を生みだしました。競争社《きょうそう》会のなかで、脱落《だつらく》し、敗北《はいぼく》していく人、精神的、身体的《しんたいてき》な障害《しょうがい》などのために、社会的な援助《えんじょ》が必要な人たちが切り捨てられてしまう悲惨《ひさん》をもたらしました。

こうした野放《のばな》しの自由による人権侵害《しんがい》から、抑圧《よくあつ》されている人々を救済《きゅうさい》していくために、新しい権利の確立《かくりつ》がめざされるようになりました。

第一次大戦後に生まれたドイツの「ワイマール憲法《けんぽう》」には、そうした理念がうたわれていました。「ワイマール憲法《けんぽう》」は、ナチスの暴虐《ぼうぎゃく》によって破壊《はかい》されましたが、「すべての者に人間たるに値《あたい》する生活を保障《ほしょう》する」との理念にもとづいた社会保障の考え方などは、人権確立《かくりつ》の歴史に新しい地平《ちへい》を開くものでした。

「第一世代の人権」としての「自由権」が、いわば「国家」からの自由――国王の圧制《あっせい》や支配《しはい》からの自由の獲得《かくとく》から始まった人権闘争《とうそう》の歴史のなかで、社会的弱者《じゃくしゃ》の救済《きゅうさい》、さらには、健康で文化的な最低限《さいていげん》の生活権の保障、教育を受ける権利、労《ろう》働《どう》基本権などに対して、国家が積極的《せっきょくてき》に関与《かんよ》し、充足《じゅうそく》していくことが求められるようになりました。これが「生存権《せいぞんけん》」として位置づけられる基本的人権です。

この「生存権」は、生命の維持《いじ》のために必要な社会保障や、人間らしい充実《じゅうじつ》した生活を保障するための権利を含《ふく》み、しだいに物質的な保障から文化的な保障へと、その内容は豊かになっていきました。

この「第二世代の人権」である「生存権」の充実、発展が、人々の生活を守り、人間の尊厳《そんげん》を確立していくことに貢献《こうけん》したことは、言うまでもないことです。

アタイデ　人権宣言を尊重《そんちょう》しなければならないのが公権力《こうけんりょく》です。しかし、だからと言って国家だけに任《まか》せるのは正《ただ》しくありませんし、現実にもあいません。それは人権宣言の外面的《がいめんてき》な問題です。私が絶対の優先順位《ゆうせんじゅんい》を与《あた》えるのは、各市民が、その良心《りょうしん》および普遍的《ふへんてき》友愛の名において、人権宣言の基本的義務《ぎむ》を尊重《そんちょう》することです。

一人の人間が他の人に対して、いかなる形態《けいたい》であろうと人権を無視《むし》または否定《ひてい》し、自由と友愛と平等の三位《さんみ》一体《いったい》の基本的要素《ようそ》を侵害《しんがい》または否定するとき、その人は〝犯罪者《はんざいしゃ》〟であると言わねばなりません。

池田　よく理解できます。その最《さい》たる〝犯罪〟が核兵器《かくへいき》の開発であり、戦争で原《げん》爆《ばく》が使用されたことです。それが人権に対する考え方に根本的《こんぽんてき》な転換《てんかん》を要請《ようせい》することになりました。水爆《すいばく》も開発され、核兵器の生産《せいさん》は、人類の歴史で初めて、人間が開発した兵器によって人類史にピリオドが打てる「狂気《きょうき》の時代」が到来《とうらい》したことを意味します。

核兵器という現代の「ダモクレスの剣《つるぎ》」のもとでは、「生存権《せいぞんけん》」にもとづいて、いかに社会保障《ほしょう》が充実《じゅうじつ》した社会が築《きず》けたにしても、一瞬《いっしゅん》にして崩壊《ほうかい》してしまうのです。

戸田先生の言う「生存の権利」は、もっと本源的《ほんげんてき》な人間の権利でした。「世界の民衆《みんしゅう》」がもっている「生存の権利」という言葉が、「第三世代の人権」である「生《せい》存権《ぞんけん》」と大きく異《こと》なる点は、「国家」という壁《かべ》を超《こ》えたことにありました。「世界の民衆《みんしゅう》」が、「平和に生きる権利」は、一つの国家の国家利益、東西の両陣営《りょうじんえい》の一方の側《がわ》の勝利という次元《じげん》から出た「核抑止論《かくよくしろん》」や核兵器《へいき》の保有《ほゆう》、開発、使用を正当化《せいとうか》する一切《いっさい》の主張より優先《ゆうせん》すべきものだとしたからです。空前《くうぜん》の生命の破壊《はかい》を可能《かのう》にする核兵器の存在そのものを、「絶対悪」とし、その使用を最悪の〝犯罪《はんざい》〟として糾弾《きゅうだん》されました。

アタイデ　今日《こんにち》、どの国も望《のぞ》みさえすれば、核兵器を作るという異常《いじょう》で破壊的な気《き》まぐれを起こすことができます。

この恐《おそ》るべき武器《ぶき》をもち、権力を増大《ぞうだい》させれば、国際社会における国家の地位が上がるなどという考えに、私は断《だん》じて賛成できません。

池田　「世界の民衆」がもつ「生存《せいぞん》の権利」――戸田先生の胸中《きょうちゅう》にあったのは、人間の根本《こんぽん》の権利としての「平和に生きる権利」でした。核兵器による破壊、人命《じんめい》の犠牲《ぎせい》という悲惨《ひさん》からの解放はもとより、戦争のために苦《くる》しみぬいてきた民衆がふたたび戦火《せんか》にあわないことを切実《せつじつ》に願われていました。

戸田先生は、一九五二年二月、青年たちの研究発表会で、「私自身の思想を述べますならば」と言い、つづいて「結局は地球民族主義であります」と語っています。この地球に住む人々は、言語《げんご》、人種、歴史、生活形態《けいたい》、文化などの違《ちが》いはあっても、皆、「地球民族」であるという共通した意識《いしき》をもつことの重要性を指摘《してき》した先生の思想は、その五年後の「原水爆禁止宣言《げんすいばくきんしせんげん》」のなかに示《しめ》された、「世界の民衆《みんしゅう》」のもつ「生存《せいぞん》の権利」の思想に結《むす》びついていました。

人権の流れは、市民革命《かくめい》を経《へ》て、所有権《しょゆうけん》、職業選択《しょくぎょうせんたく》の自由、思想・良心《りょうしん》・言論《げんろん》・集会《しゅうかい》・結社《けっしゃ》の自由など「自由権的基本権」の確立《かくりつ》をめざした第一段階《だんかい》から、第二段階では「人間に値《あたい》する生活を維持《いじ》すること」などを目的にした「生存権的基本権」の確立へ向かいました。これに対して、戸田先生が叫《さけ》ばれた「生存の権利」という言葉は、世界の民衆の「平和的生存権」すなわち「平和に生きる権利」を意味しています。

アタイデ　二十一世紀を真の人間の権利が広く認識《にんしき》される世紀とするためには、すべての暴力手段《ぼうりょくしゅだん》が永久《えいきゅう》に排除《はいじょ》されなければならないのです。「世界人権宣言」の本質も、各人《かくじん》に、人間であるということから、その個人的起源《きげん》、国籍《こくせき》に関係なく、すべての者の権利として、平等、自由、友愛を神聖視《しんせいし》しなければならないという理想を、自覚《じかく》させるということにありました。

つまり、私たちは人権宣言の源泉《げんせん》として人道主義《じんどう》的理想を採用《さいよう》したのです。この理想は、すべての民衆《みんしゅう》がもつ切《せつ》なる願望《がんぼう》・希望を達成するものだからです。

池田　平和と人権の関連性《かんれんせい》について、「世界人権宣言」の前文《ぜんぶん》では「人類社会のすべての構成員《こうせいいん》の、固有《こゆう》の尊厳《そんげん》と平等にして譲《ゆず》ることのできない権利とを承認《しょうにん》することは、世界における自由と正義と平和との基礎《きそ》である」と宣言されています。人権の承認が「平和の基礎」であることは当然です。

とともに「世界人権宣言」の全体は、平和の基礎のうえに成《な》り立《た》つものです。戦争のなかでは「すべての人間は、生《う》まれながら自由で、尊厳と権利について平等である。人間は、理性《りせい》と良心《りょうしん》を授《さず》けられており、同胞《どうほう》の精神をもって互《たがい》に行動しなくてはならない」（第一条）という条文《じょうぶん》の対極《たいきょく》の破壊《はかい》が行《おこな》われるからです。

また、「人類社会のすべての構成員の、固有の尊厳と平等にして譲ることのできない権利とを承認すること」は、世界の恒久《こうきゅう》平和の実現に必然《ひつぜん》的に結《むす》びつきます。

こうしたことからも、全世界の民衆の「平和に生きる権利」は、人権の根本《こんぽん》です。

さらにこの「平和」は、たんに戦争のない状態《じょうたい》というだけでなく、核兵器《かくへいき》による破壊《はかい》の恐怖《きょうふ》からの解放、国家間の対立抗争《こうそう》による被害《ひがい》からの解放、さらに、人間の尊厳性《そんげんせい》が全面的に開花された状態《じょうたい》でなければなりません。戸田先生の言われた世界の民衆《みんしゅう》の「生存《せいぞん》の権利」をより豊かに現実化していくために、私も力《ちから》を尽《つ》くしていきます。

アマゾンの開発はいかにあるべきか

池田　また、「環境の権利」も、「第三世代の人権」の一つに挙《あ》げられます。地球環境の問題は、影響性《えいきょうせい》の広範《こうはん》さからいって、最大の〝人類的課題《かだい》〟と言えましょう。地球環境の破壊は、自然を収奪《しゅうだつ》し、資源《しげん》を浪費《ろうひ》するという、現代文明のあり方そのものが引き起こす問題だからです。

一九九二年六月、貴国《きこく》で開催《かいさい》された「環境と開発に関する国連会議」*（地球サミット）は大きな意義《いぎ》をもった会議でした。ＳＧＩでは、公式関連行事《こうしきかんれんぎょうじ》として、人間と自然との共存《きょうそん》をテーマにした「環境と開発展」を開催《かいさい》し、アマゾンの豊かな自然や資源《しげん》を紹介《しょうかい》しつつ、「持続可能《じぞくかのう》な開発」の道を探《さぐ》りました。アタイデ総裁《そうさい》には名誉実行委員としてご協力を賜《たまわ》りました。あらためて感謝《かんしゃ》申し上げます。

アタイデ　いえ、いえ。〝人間こそが大切である〟――これが、私の変わらざる信念です。環境問題においても同じです。人間がどうあるべきか、です。人間は地球の主体者としての責任《せきにん》、自覚《じかく》がなければなりません。

かつて、自動車王と言われたヘンリー・フォード*と話をしたことがあります。彼は「アマゾン開発こそ人類の最後のドラマである」と語っていました。

私もまったく同じ考えです。世界が食糧危機《しょくりょうきき》に直面《ちょくめん》したとき、アマゾンが世界の食糧基地《きち》になるでしょう。私は、全人類のために貢献《こうけん》できるアマゾンを築《きず》きたいと願っています。

池田　「全人類のために」という総裁の視点《してん》に敬意《けいい》を表《ひょう》したい。アマゾンの開発は、経済的側面《そくめん》のみにとらわれず、先住民《せんじゅうみん》の人権等を侵害《しんがい》しないといった諸条件を考慮《こうりょ》し、「人類益《えき》」「地球益」に十分配慮《はいりょ》した立場から進められるべきです。

われわれは、二十一世紀を生きる未来の人々のために、経済至上《しじょう》主義、国家主権至上《しじょう》主義の路線《ろせん》を転換《てんかん》する必要があることを痛切《つうせつ》に感じています。人類の生存《せいぞん》は、その一点にかかっているといっても、過言《かごん》ではないでしょう。

「環境と開発展」でも、人類と自然との共存《きょうぞん》が焦点《しょうてん》でした。その後、ブラジルSGI、創価大学自然環境研究センター、アマゾナス州環境科学技術局が共同して「アマゾン熱帯雨林《ねったいうりん》再生《さいせい》研究プロジェクト」がスタートしました。このような活動が、貴国《きこく》のみならず、世界の〝持続的《じぞくてき》発展〟への一助《いちじょ》となることを期待してやみません。

「人間の発展」を意味する「開発・発展」

池田　開発・発展という観点《かんてん》は「第三世代の人権」の重要な要素《ようそ》です。この権利が主張されるようになった背景《はいけい》には、発展途上国《とじょうこく》の貧困《ひんこん》がありました。多くの国では、人間らしい生活を送るための最低限度《げんど》の食糧《しょくりょう》、衣服《いふく》、住居《じゅうきょ》さえ満《み》たされていない。だれもが人間らしく生きる権利を保障《ほしょう》するために、この「開発の権利」の主張が出てきました。

当初、経済的な発展、経済成長という色彩《しきさい》が強かった「開発・発展」という言葉に、しだいに社会的・文化的側面《そくめん》が入ってきたのは、人間が人間らしく生きるためには、たんに経済的な保障だけではすまないからです。そこには、人間の尊厳《そんげん》を理解し、みずからの可能性《かのうせい》を信じる価値観《かちかん》を育《はぐく》みゆく哲学、教育が不可欠《ふかけつ》です。

アタイデ　ロシアの文豪《ぶんごう》*トルストイは、「幸福な家庭はすべてよく似《に》よったものである」（中村白葉訳、『トルストイ全集 7　アンナ・カレーニナ（上）』河出書房新社）と記《しる》しています。その理由を、ロシアの雑誌《ざっし》が「おそらく、そこでは平穏《へいおん》と精神の落ち着きが支配《しはい》しているからであり、愛と調和《ちょうわ》のなかで子どもたちが生まれ、この地に生《せい》を享《う》けた最初の日から美しさと善良《ぜんりょう》さに囲《かこ》まれているからである」と述べていたのが、心に残っています。人間の幸福のためには、このようにささやかなことが必要なのです。

池田　まさに至言《しげん》です。一人の人間の幸福を離《はな》れて、人類の幸福はありません。人類の幸福とは、一人一人の幸福のことです。

平和学の創始者《そうししゃ》であるガルトゥング博士*は、「開発・発展」は、「人間の発展を意味するものであって、国の発展とか、物の生産とか、社会体制内でのその分配《ぶんぱい》とか、社会構造《こうぞう》の変革《へんかく》を意味するものではない。

これらは、目的に向かっての手段《しゅだん》であって、目的、すなわち、全体としての人間、すべての人間を発展させるという目的と混同《こんどう》してはならない」と述べました。人権は、幸福なる人生を開拓《かいたく》する全人格の発展の権利でなければならないのです。

アタイデ　いまだにアムネスティ・インターナショナル*から世界の多くの国が人権を侵害《しんがい》していると告発《こくはつ》されている現在、人権宣言と言っても、まだ次の世紀における希望にすぎない。

私たちがつくりあげたものは、達成しがたい頂点《ちょうてん》ではありますが、最終的なものではありません。二十一世紀の人間のために、その宣言の完全かつ正当《せいとう》な履行《りこう》を保《ほ》証《しょう》しなければならないのです。

池田　私はかつてヨーロッパの統合《とうごう》のために全生涯《ぜんしょうがい》を捧《ささ》げてきたクーデンホーフ・カレルギー*伯爵《はくしゃく》と対話したことがありました。

私たちの対話は、一九七二年五月に『文明・西と東』（サンケイ新聞社）という題で発刊《はっかん》されました。

その中で、私は、新しい世紀を〝生命の世紀〟と名づけたいとの考えを示《しめ》しました。この〝生命の世紀〟という言葉で、私が表現したかったことは、端的《たんてき》に言えば生命の尊厳《そんげん》を根底《こんてい》とする時代、社会、文明、すなわち、人間の生命、人格、個人の幸福をいかなることのためにも、手段《しゅだん》としないこと――言《い》い換《か》えると、人間の生命、人格、幸福は、一切《いっさい》の目的であって、絶対に手段としてはならないという考え方が確立《かくりつ》された時代、社会、そのうえに築《きず》かれる文明の世紀の展望《てんぼう》です。

ガルトゥング博士の言われる「開発・発展」についての指摘《してき》は、私がめざす「生命の世紀」の理念とも共鳴《きょうめい》するものです。「人間を発展させる」――この一点が大事なことだと思います。

この目的と手段の逆転《ぎゃくてん》が、今世紀の大きな悲劇《ひげき》を生みだしました。ファシズムの暴虐《ぼうぎゃく》は、一民族の繁栄《はんえい》、栄光のために他民族を犠牲《ぎせい》にしました。人類を殺戮《さつりく》し尽《つ》くせる核兵器《かくへいき》の開発配備《はいび》は、一国家、一つの陣営《じんえい》の発展のために、地球のすべての人々の生存《せいぞん》の権利を踏《ふ》みにじるものでした。

目的と手段の逆転した偏狭《へんきょう》な価値観《かちかん》から、新しい世紀の確立すべき価値観への転《てん》換《かん》は、たんに一つの民族、社会、国家、陣営《じんえい》に基盤《きばん》をおいた狭隘《きょうあい》なものではなく、全人類的な視点《してん》、全地球的な視野《しや》に立ったものでなければなりません。総裁《そうさい》たちの手によってなった「世界人権宣言」は、そのような、国家、民族等の枠組《わくぐ》みを超《こ》えた全人類的視点、全地球的視野を築《きず》きゆくための普遍的《ふへんてき》な基盤を確立《かくりつ》したものです。

人権闘争《とうそう》のモデル——不軽菩薩《ふきょうぼさつ》の実践《じっせん》

池田　真の人権の実現には、「世界人権宣言」が志向《しこう》しているような、国家などの枠組みを超えた人類の「連帯《れんたい》」が不可欠《ふかけつ》です。ユネスコ人権平和部の部長であったK・ヴァサクも「連帯の権利」を「第三世代の人権」として掲《かか》げています。フランス革命《かくめい》の三原理、「自由」「平等」「友愛」のうち、「連帯の権利」は「友愛」にもとづく権利とされます。つまり、国家、民族などを超えた、「人間」への友愛という立場に立つものです。

ルソーは、自然状態《じようたい》では、人間は「自己愛」とともに「憐《あわ》れみの情《じよう》」をもつと説きました。この「憐れみの情」は〝友愛〟の現《あらわ》れです。彼は、それを「他人の不幸をできるだけ少《すく》なくして汝《なんじ》の幸福をきず」く振《ふ》る舞《ま》いをすることであると説明しています。（『人間不平等起源論』本田喜代治・平岡昇訳、岩波文庫、引用・参照）

これはまた、仏法の「慈悲《じひ》」に通じゆく思想です。人々の幸せを離《はな》れて、自身の幸せはありません。

仏法者の行動の基盤《きばん》は、慈悲の精神です。「慈悲」の「慈」は、パーリ語（古代インドの口語《こうご》）の「メッター」、すなわち「友情」であり、「悲」は「憐れみ」「共感」を表《あらわ》す「アヌカンパー」です。

「慈」とは「抜苦《ばつく》」、「悲」とは「与楽《よらく》」であり、「慈悲」とは人々の不安や恐怖《きようふ》を除《のぞ》き（抜苦）、喜びと安心と希望を与《あた》えること（与楽）です。

人々の幸福のために戦うのは、仏法者として、否《いな》、人間として当然のことでしょう。だが、簡明《かんめい》なことほどむずかしい。仏《ほとけ》の教えの真髄《しんずい》は簡明です。〝一人の人間を大切に〟です。仏とは、〝一人〟の幸福のために、間断《かんだん》なく精進《しようじん》する者、勤《つと》め励《はげ》む者なのです。

アタイデ　二十一世紀は、完全なる平和と完全なる倫理《りんり》の時代であり、「精神の力《ちから》」がはかりしれないほどの働きを示《しめ》す世紀になるでしょう。

池田　二十一世紀を開く「精神の力」は、自他《じた》ともに具《そな》わる尊厳性《そんげんせい》の自覚《じかく》によって開花していくでしょう。

仏法では、利他《りた》の精神から行動していく人を、菩薩《ぼさつ》と呼びます。仏典《ぶってん》には、文殊《もんじゅ》菩薩、普賢《ふげん》菩薩、弥勒《みろく》菩薩、観世音《かんぜおん》菩薩、薬王《やくおう》菩薩など、さまざまな菩薩が登場《とうじょう》します。

これらの菩薩は、その特性《とくせい》を生《い》かして、衆生《しゅじょう》のために献身《けんしん》し、苦悩《くのう》・災難《さいなん》から救《すく》う働きをします。たとえば、文殊は智慧《ちえ》、普賢は学理《がくり》、弥勒は慈悲心《じひしん》、観世音は世《せ》音《おん》（世の中の状況《じょうきょう》）を観《かん》じる力をもって、衆生の苦《く》を救います。薬王は名のとおり、医薬《いやく》を用《もち》いて病気を治《なお》します。

日蓮大聖人は、多くの菩薩のなかでも、実践《じっせん》の模範《もはん》として、『法華経《ほけきょう》』に登場する不軽《ふきょう》菩薩に注目《ちゅうもく》します。「不軽（軽《かろ》んぜず）」という名にも示されているように、どのような人も軽んずることなく、最高の敬意《けいい》を示しました。

『法華経《ほけきよう》』には、彼が次のように語って人々を敬《うやま》ったと説かれています。「私は深くあなたがたを敬います。決して軽《かろ》んじたり、思い上がったりしません。それはなぜなのか。皆さんは、菩薩《ぼさつ》の道を修行《しゆぎよう》して、やがて成仏《じようぶつ》することができるからなのです」と。ここに、『法華経』の人間尊厳《そんげん》の精神が凝縮《ぎようしゆく》しています。不軽《ふきよう》菩薩は、このように、すべての人に合掌礼拝《がつしようらいはい》したのです。

日蓮大聖人は不軽菩薩の行動を「一代《いちだい》の肝心《かんじん》は法華経・法華経の修行の肝心は不軽品にて候《そうろう》なり」（御書一一七四ジペー）と、仏法の実践《じつせん》の要諦《ようてい》として位置づけています。

不軽菩薩の振《ふ》る舞《ま》いは、〝一切衆生《いつさいしゆじよう》には仏性《ぶつしよう》があるゆえに尊厳である〟という信念にもとづいています。いかなる人間であっても、内在《ないざい》する「仏性」――普遍的《ふへんてき》な尊厳性を発揮《はつき》していけば、最極《さいごく》の人生道《どう》を開くことができる。その道を自他《じた》ともに進むのが、菩薩道の実践です。

アタイデ　あらゆる偏見《へんけん》を取《と》り除《のぞ》き、厳密《げんみつ》に洗練《せんれん》された平等観は、妙《たえ》なる宗教的感覚《かんかく》と崇高《すうこう》な法理《ほうり》に則《のつと》るものです。

池田会長が提示《ていじ》する二十一世紀への路《ろ》線《せん》と指《し》針《しん》は、人類を恐怖《きようふ》から解放し、新たなる世界へと覚醒《かくせい》させるでしょう。反差別と平等の尊重《そんちよう》こそ、この尊《とう》き世界を守ることになるにちがいありません。

池田　菩薩道《ぼさつどう》こそ、「第三世代の人権」の展開《てんかい》のなかで、集約《しゅうやく》されていった人権――〝自己実現によって幸福になる権利〟を達成しゆく人間道を提示《ていじ》しているのではないでしょうか。

不軽《ふきょう》菩薩は、みずからを嘲笑《ちょうしょう》し、迫害《はくがい》する人にすら、非暴力《ひぼうりょく》と慈悲《じひ》をつらぬき通し、菩薩道を全《まっと》うしていった。

不軽を嘲笑した人は、彼の〝自己実現〟の姿《すがた》を目《ま》のあたりにして、ついに不軽とともに、苦悩《くのう》の人々を救《すく》う菩薩道を行《おこな》うことを決意するのです。不軽菩薩の行動は、まさに二十一世紀の「人権闘争《とうそう》のモデル」と言えましょう。

その特徴《とくちょう》を要約《ようやく》すれば、

①　絶対的平等への信念
②　「非暴力」「慈悲」による対話の持続《じぞく》
③　自他《じた》ともの自己実現への挑戦《ちょうせん》

となるでしょう。

「絶対的平等への信念」とは、すべての人は、平等に「仏性《ぶっしょう》」という究極《きゅうきょく》の尊厳《そんげん》性《せい》を具《そな》えていると信じることです。

「〝非暴力《ひぼうりょく》〟〝慈悲《じひ》〟による対話の持続《じぞく》」とは、決して暴力的な手段《しゅだん》に訴《うった》えることなく、あくまで「対話」を機軸《きじく》として、瞋恚《しんに》（怒《いか》り）や貪欲《とんよく》（貪《むさぼ》り）、愚癡《ぐち》（愚《おろ》か）等の悪心《あくしん》を打《う》ち破《やぶ》り、慈悲と正義の精神を覚醒《かくせい》する戦いです。それは偉大《いだい》なる「魂《たましい》の力《ちから》」「精神の力」による悪への挑戦《ちょうせん》であり、善《ぜん》を呼び起こす道なのです。

「自他《じた》ともの自己実現への挑戦」は、菩薩《ぼさつ》の勇敢《ゆうかん》な戦いによって可能《かのう》になります。仏法で言う「自己」とは、人間生命に内在《ないざい》する「仏性《ぶっしょう》」にほかなりません。「仏性」を開くことによって、すべての人々が、それぞれの特有《とくゆう》の個性を開花させるところに、自他ともの幸福境涯《きょうがい》が築《きず》かれていくのです。「不軽品《ふきょうぼん》」の展開《てんかい》は、まさに自他ともに〝幸福の権利〟を満喫《まんきつ》しゆく理想社会を志向《しこう》しています。

アタイデ　池田会長の思想・行動の志向性は、どこまでも未来に向かっています。人間を生きとし生けるものの支配者《しはいしゃ》であるとの慢心《まんしん》から目覚《めざ》めさせ、人間が人間たるゆえに、もたなければならない、信仰《しんこう》という高次元《こうじげん》から、新しい人類の歴史を開くための価値観《かちかん》を教えられています。

〝宇宙に具《そな》わる宗教的なるもの〟への洞察《どうさつ》

アタイデ　一九二五年、*アインシュタイン博士がリオデジャネイロを訪《おとず》れたとき、アシス・*シャトーブリアン氏とアゼヴェド・*アマラウ教授の招《まね》きによる昼食会《ちゅうしょくかい》で、彼と会う機会《きかい》を得《え》ました。私たち三人は、深く敬意《けいい》を表《ひょう》しながら、彼の話を聞きました。

科学の話をするにはあまり適当《てきとう》な場ではなかったので、それについての話はありませんでした。楽しい話から、芸術やブラジル人の特徴《とくちょう》についても話しました。博士は、ブラジルでは種々《しゅじゅ》の人種が平和に共存《きょうぞん》していることに、深く感銘《かんめい》している様《よう》子《す》でした。

また、ブラジルには、ユダヤ人に対する差別をはじめ、人種・民族間の差別がないとみていました。

私たちは、彼の正確な見解《けんかい》に納得《なっとく》するとともに、それは寛容《かんよう》にもとづく教育によって形成《けいせい》された民衆《みんしゅう》の特質であると付け加えました。

池田　アインシュタインの南米訪問《なんべいほうもん》から数年後、ナチスが政権《せいけん》につき、ユダヤ人の迫害《はくがい》を開始しています。彼の親族《しんぞく》からも犠牲者《ぎせいしゃ》が出ています。彼自身、別荘《べっそう》が家《か》宅捜索《たくそうさく》されるという事件がありました。そのときの声明《せいめい》は世界の良心《りょうしん》ある人々に感動を与《あた》えました。

〝今後、私に選択《せんたく》が許《ゆる》されるなら、市民の自由、寛容、市民の平等が法の前に存在する国にのみ、私は住むことになるでしょう……しかし国際的な精神の持《も》ち主《ぬし》にとっては、特定の国籍《こくせき》は問題ではありません。人間性のほうが国籍よりも大切です〟――。（菅井準一著『アインシュタイン』偕成社、参照）

アインシュタインは、〝世界精神〟をもった〝世界市民〟として、人間性を守ることに最大の価値《かち》をおいていました。国籍を超えて人間らしく生きられる社会こそ、最も大切であると訴《うった》えました。二十一世紀の〝世界市民の人権〟について考えるうえで示唆深《しさぶか》い言葉です。

アタイデ　一九五二年に、私は、ニューヨークでふたたびアインシュタイン博士に会いました。そのとき、博士は、宇宙の問題に対して最終的な結論《けつろん》に達したとは思っていないようでした。ただひとつの仮説《かせつ》を提示《ていじ》しているだけであると語っていました。博士は、*プトレマイオス、*コペルニクス、*ティコ・ブラーエ、*ガリレオ、*ケプラー、ニュートンにつづく人でした。博士はこう言っていました。

“彼ら一人一人は、絶対確実《かくじつ》な解釈《かいしゃく》に偏《かたよ》るのではなく、理解を一歩一歩進展《しんてん》させ、時の経過《けいか》と新しい技術の発展とともに、自身の考え方を変化させていったのです。私たちは絶対確実なドグマの提示者ではないのですから”と。

池田　初めてアタイデ総裁《そうさい》がアインシュタインに会った一九二五年ごろと言えば、「一般相対性理論《いっぱんそうたいせいりろん》」がいかなる意味をもつのかが探究《たんきゅう》されていた時期《じき》です。この理論が提示する宇宙とはどのようなものか、アインシュタイン自身も思索《しさく》を重《かさ》ねていた様子《ようす》がうかがえます。

また、共同研究を行《おこな》ったことがある*パウリは、アインシュタインの晩年《ばんねん》について、どこまでも統一的《とういつてき》な理論を追究《ついきゅう》していたこと、そして「今度こそ最終的な解答《かいとう》だ」と、つねに挑戦《ちょうせん》しつづけていたことに言及《げんきゅう》しています。

アインシュタインが見つめつづけた大宇宙は雄大《ゆうだい》であり、神秘《しんぴ》に満《み》ちています。

仏法では、人間の存在もまた、宇宙の不可思議《ふかしぎ》な力《ちから》の現《あらわ》れと説きます。戸田会長は「十界《じっかい》の依正即《えしょうすなわ》ち妙法蓮華《みょうほうれんげ》の当体《とうたい》なり」（御書五一〇ページ）との仏法の法《ほう》理《り》にもとづき、「この宇宙はみな仏《ほとけ》の実体であって、宇宙の万象《ばんしょう》ことごとく慈悲《じひ》の行業《ぎょうごう》である」と喝破《かっぱ》していました。また、「慈悲は宇宙の本然《ほんねん》のすがたである」とも述べていました。

つまり、大宇宙の働きそのものが、「妙法蓮華経」という根源《こんげん》の法の顕在化《けんざいか》であり、それは慈悲の行業に輝《かがや》きわたっているとの洞察《どうさつ》でありました。アインシュタインが科学的知性の究極《きゅうきょく》において把握《はあく》しようとした〝宇宙普遍《ふへん》の法〟を、仏法の眼は、無限の〝慈悲〟の脈動《みゃくどう》ととらえていたわけです。

アタイデ　私は、宗教は真実を求める人間の智慧《ちえ》の具現《ぐげん》であると思っています。宇宙の構造《こうぞう》は、二十一世紀において、宗教の偉大《いだい》なる哲学的概念《がいねん》による悟《さと》りによって示《しめ》されるでしょう。

池田　この地球から宇宙空間《くうかん》へ飛び立った宇宙飛行士たちの多くは、地球を眺《なが》めてその美しさ、その神秘《しんぴ》さに心うたれたことを語っています。彼らは、多くの星ぼしがあるなかで、この地球が生命を育《はぐく》み、人類を生みだしたことに、大きな意味を見いだしていました。

宇宙に具《そな》わる尊厳性《そんげんせい》への畏敬《いけい》の念から、そこに〝宗教的なるもの〟を感じとったのです。私が対談したスカイラブ三号のカー＊船長は、宇宙におけるすべての事象《じしょう》が調和《ちょうわ》と秩序《ちつじょ》につらぬかれていることを直観《ちょっかん》したと語っていました。

私たち人類は、今〝宇宙に具わる宗教的なるもの〟を見つめていくべき時代に入っているように思います。広大《こうだい》な宇宙に浮かぶ生命のオアシス・地球に生きることの尊《とうと》さを、深く実感していかねばなりません。

アタイデ　信仰《しんこう》にもとづく息吹《いぶき》は、平和と秩序と正義を拡大《かくだい》していきます。またそれは、すべての人々に模範《もはん》を示《しめ》すものです。

共同して生きること、対立《たいりつ》する者との共生《きょうせい》を受け入れること、理解しあうこと――これによって人類は、「世界人権宣言」によって示された偉大《いだい》なる共同体へと到達《とうたつ》できるのです。

池田　「第三世代の人権」では、一人の人間の自己実現・幸福の権利が焦点《しょうてん》となっています。その基盤《きばん》として、国家の枠《わく》を超《こ》えて、地球という規模《きぼ》で思考《しこう》することが求められています。

こうした広がりを見るとき、「人権」思想の人類史的潮流《ちょうりゅう》は、やがて来《きた》る二十一世紀に、地球からさらに大宇宙へと広がりゆくことでしょう。そのときにこそ、宇宙自体に具《そな》わる〝宗教的なるもの〟に、究極《きゅうきょく》の尊厳性を求める意義《いぎ》が明らかになると信じます。

アインシュタインや宇宙飛行士たちの〝宇宙的・普遍的《ふへんてき》なるもの〟への感動とは、宇宙に本然的《ほんねんてき》に具わる尊厳性《そんげんせい》の輝《かがや》きによるものではないでしょうか。そして、「小宇宙」である一個の人間の幸福の権利の希求《ききゅう》は、生命内在《ないざい》の「仏性《ぶっしょう》」の覚知《かくち》へと向かうでしょう。

二十一世紀、人類は「人権」への戦いを通して、大宇宙の尊厳性と、人間生命に内在する尊厳性が一体《いったい》であり、ともに〝宗教的・普遍的なるもの〟を光源《こうげん》とすることに思いいたるでしょう。

新たなる「人権の世紀」には、宗教性・普遍性を基盤《きばん》とした「人間主義」が、人類の歴史に華々《はなばな》しく登場《とうじょう》してくると確信いたします。私は、そのために徹《てつ》して戦いゆく決意です。

それは、恩師の遺志《いし》でありました。そして、恩師がそのまま生きているかのようなアタイデ総裁《そうさい》への私の誓《ちか》いなのです。

アタイデ　池田会長の存在は、人類の歴史に残り、その運動は時代とともに広がりゆくことでしょう。そして二十一世紀は、新たなヒューマニズムが実現された時代として、人類の歴史に深く刻《きざ》まれることになるでしょう。

注　解

〈あ行〉

INF全廃条約《ぜんぱいじょうやく》　一九八一年十一月に交渉が開始され、八七年十二月に米ソ首脳《しゅのう》会談で調印《ちょういん》された地上発射《ちじょうはっしゃ》の中距離核戦力《ちゅうきょりかくせんりょく》の廃棄《はいき》に関する条約。米ソが初めて核兵器削減《さくげん》に同意した条約として歴史的意義をもつ。

アイトマートフ（一九二八年―二〇〇八年）旧ソ連・キルギス共和国出身の作家。代表作に『最初の教師』『ジャミリャ』『一世紀より長い一日』『処刑台』『カッサンドラの烙印《らくいん》』など。ゴルバチョフ時代にはペレストロイカの旗手的《きしゅてき》存在として活躍した。

アインシュタイン（一八七九年―一九五五年）アルベルト。ドイツ生まれの理論物理学者。特殊及び一般相対性理論を発表し、現代科学の発展に貢献《こうけん》した。一九二一年ノーベル物理学賞を受賞。三三年にナチスの迫害《はくがい》を逃《のが》れ米国に亡命《ぼうめい》。戦後は人権擁護《ようご》・核兵器禁止の平和運動に尽《つ》くした。

アウグスティヌス（三五四年―四三〇年）アウレリアス。初期キリスト教の神学者、哲学者。異端《いたん》論争と膨大《ぼうだい》な著作で、キリスト教神学にプラトン哲学を取り入れ集大成《しゅうたいせい》した。これが中世キリスト教思想に大きな影響《えいきょう》を与えた。

アウシュヴィッツ強制収容所《きょうせいしゅうようじょ》　ナチス・ドイツが第二次世界大戦中ポーランドにつくった最大規模《きぼ》の強制収容所。ユダヤ人をはじめ一説では四百万人ともいわれる人々が、ここで毒ガスや銃《じゅう》によって虐殺《ぎゃくさつ》された。現在、世界平和のための博物館として保存公開されている。

アクィナス（一二二五年―七四年）　イタリアの神学者、哲学者。アリストテレスの思想を取り入れ、キリスト教の信仰と理性との統一をめざした。有名な『神学大全《しんがくたいぜん》』を著《あらわ》し、スコラ哲学の黄金時代を築《きず》いた。

アシス（一八三九年―一九〇八年）　ブラジルを代表する作家。新聞のコラム、詩、戯曲《ぎきょく》、小説と幅広く活躍し、ブラジル文学アカデミーの初代総裁《そうさい》も務《つと》めた。主著に『ブラス・クーバスの死後の回想』『キンカス・ボルバ』など。

アショーカ　生没年不詳。前三世紀、古代インドのマウリヤ王朝第三代の王。武力政策によってインド全土を統一したが、最後のカリンガ国との戦争の悲惨《ひさん》な結果を悔恨《かいこん》し、仏教に帰依《きえ》。法による統治《とうち》に政策を転《てん》換《かん》。平和国家を樹立《じゅりつ》した。

アダムズ（一七三五年―一八二六年）　アメリカ合衆国第二代大統領。マサチューセッツの独立革命運動の指導者となり、第一回大陸会議の代議員に選ばれた。ワシントン初代大統領のもとで副大統領を務《つと》め、一七九七年に大統領に就任《しゅうにん》。政治思想的には三権均衡《きんこう》を重視し、代表的保守主義者と位置づけられている。

アパルトヘイト　南アフリカ共和国で行われていた人種隔離《かくり》政策のこと。一九九一年、その中核をなしていた人口登録法などを撤《てっ》廃《ぱい》し、アパルトヘイト体制は終結《しゅうけつ》した。

アフリカ統一機構憲章《とういつきこうけんしょう》　一九六三年五月のアフリカ諸国首脳《しゅのう》会議において調印《ちょういん》されたアフリカ統一機構の憲章。

アマラウ（一八八三年—一九五〇年）　ブラジルの数学者、社会学者。ジャーナリスト、教育者としても有名で、リオ連邦《れんぽう》大学総長も務《つと》めた。

アムネスティ・インターナショナル　一九六一年にイギリスの弁護士ピーター・ベネンソンによって設立された人権擁護《ようご》のための国際民間団体。世界百六十カ国以上に、百十万人以上の会員を有する。ノーベル平和賞、国連人権賞を受賞している。

アリストテレス（前三八四年—前三二二年）　古代ギリシャの哲学者。若くしてプラトンのアカデメイアに学ぶ。のちに学園リュケイオンを開設。古代で最大の学問的大系を築《きず》いた。「万学《ばんがく》の祖《そ》」と呼ばれるように、研究は自然・人文・社会のあらゆる分野に及び、『形而上学《けいいじじょうがく》』『自然学』など多数の著作を残した。

アンシェッタ（一五三四年—九七年）　スペイン生まれのブラジルのイエズス会修道士《しゅうどうし》。ブラジルのインディオの教化《きょうか》、保護、福祉に努《つと》めた。イエズス会ブラジル管区長《かんくちょう》も務《つと》め、「新世界の使徒《しと》」と言われた。

イエズス会士　イエズス会は、十六世紀にイグナティウス・デ・ロヨラによって創立されたカトリック教会内の司祭修道会《しさいしゅうどうかい》。ジェスイット教団、耶蘇会《やそかい》とも言われる。同会に属《ぞく》する修道士のこと。

偉大《いだい》な夜　「世界人権宣言」は一九四八年十二月十日夜の総会の席上、採択《さいたく》された。

イデア　プラトン哲学の中心概念《がいねん》。現実世界は真に実在するイデア世界の影であるとする。

ヴォルテール（一六九四年—一七七八年）　フラ

ンシス・M。フランスの作家、思想家。専制政治、信教に対する不寛容《ふかんよう》と戦った。著作『哲学書簡』『哲学辞典』、歴史研究『ルイ14世の世紀』『風俗史論』、諷刺《ふうし》小説『カンディード』など。

宇宙根源《こんげん》の法　釈尊《しゃくそん》はみずからが悟《さと》った法が、過去の仏《ほとけ》が仏になるときに悟った法であり、未来の仏が仏になるための法であるとし、永遠普遍《ふへん》の法であることを説いている。この法が宇宙を貫《つらぬ》く理法《りほう》、すなわち妙法のことである。

ウパニシャッド哲学　古代インドの宗教哲学書。インド哲学の源流《げんりゅう》として重要な文献であり、『奥義書《おうぎしょ》』と訳される。現在約二百種が伝えられており、宇宙の本体（ブラフマン）と個人の自我《じが》（アートマン）は本来一体であり、それを悟《さと》ることによって解脱《げだつ》が得られる等と説く。

ＡＮＣ　一九一二年に「南アフリカ原住民民族会議」として、非暴力主義に基《もと》づき、黒人だけでなく、全人種の平等と融合《ゆうごう》によるアフリカ民族主義をめざして誕生《たんじょう》した団体。一九二三年、ＡＮＣに改名《かいめい》した。

エッカーマン（一七九二年―一八五四年）ヨハン・ペーター。ドイツの詩人、著述家《ちょじゅつか》。ゲーテ晩年《ばんねん》の十年間、秘書として生活。『ゲーテとの対話』でよく知られる。

エルメス（一八五五年―一九二三年）　軍人出身で一九一〇年から一四年までブラジル大統領を務《つと》めた。

王権神授説《おうけんしんじゅせつ》　王や皇帝《こうてい》の権力は神から与えられたものであり、人民に反抗《はんこう》の権利はないとする説。とくに十六―十七世紀のヨーロッパの絶対主義国家において唱《とな》えられた政治学説。イギリス王ジェームズ1世、ルイ14世に仕《つか》えたフランスの司教《しきょう》ボシュエらが代表者。

多くの経典《きょうてん》　『スッタニパータ』によれば、釈尊《しゃくそん》は自身の内なる悪魔《あくま》の軍勢《ぐんぜい》（欲望《よくぼう》、嫌《けん》悪《お》、飢《き》渇《かつ》、妄執《もうしゅう》などの十種の煩悩《ぼんのう》）と戦って悟《さと》りを得たとされる。また、『サンユッタ・ニカーヤ』には、悪魔が種々の姿となって釈尊に近づき、言葉巧《たく》みに誘惑《ゆうわく》するが、その本質を見抜《みぬ》いて打ち破ると消え去ったことが説かれている。

〈か行〉

カー（一九三二年―　）ジェラルド・P。アメリカの宇宙飛行士。七三年、スカイラブ三号の船長として、二千時間を超える宇宙滞在《たいざい》記録を樹立《じゅりつ》した。

カースト制度　インド社会における、きわめて閉鎖《へいさ》的《てき》な階層《かいそう》身分制度。バラモン（僧侶）、クシャトリヤ（貴族《きぞく》・武士《ぶし》）、ヴァイシャ（平民）、シュードラ（奴隷《どれい》）の四種から、さらに細分化《さいぶんか》される。職業や身分は世襲《せしゅう》で、異《こと》なるカーストの通婚《つうこん》は厳禁。

カサン（一八八七年―一九七六年）フランスの法律家。リール大学教授、国際アカデミー教授、国際問題研究所教授等を歴任《れきにん》。国連の人権委員会のメンバーとして、世界人権宣言の起草《きそう》に大きく貢献《こうけん》し、欧州《おうしゅう》人権裁判所長官も務《つと》めた。ノーベル平和賞を受賞。

カズンズ（一九一五年―九〇年）アメリカのジャーナリスト、作家、平和運動家。コロンビア大学卒。総合評論誌「サタデー・レビュー」編集長を務《つと》めた後、カリフォルニア大学教授。その間、世界連邦《れんぽう》協会会長を務め、七一年に国連平和賞を受賞。池田SGI会長との対談集『世界市民の対話』（『池田大作全集 14』収録）がある。

ガリレオ（一五六四年—一六四二年）　ガリレイ。イタリアの物理学者、天文学者。実験的方法と数学的論証《ろんしょう》を結合《けつごう》させ、近代科学の方法を確立した。地動説《ちどうせつ》を唱《とな》え、宗教裁判にかけられ、幽閉《ゆうへい》された。

ガルトゥング（一九三〇年—　）　ヨハン。ノルウェーのオスロ生まれの平和学者、社会学者。オスロ大学教授、ヴェッテン・ヘルデッケ大学教授などを務《つと》め、一九五九年にオスロ国際平和研究所を設立した平和学の創始《そうし》者《しゃ》。「構造的暴力」の概念《がいねん》を提唱《ていしょう》した。著書に『仏教—調和と平和を求めて』など。

カルネイロ（一八八二年—一九七一年）　ブラジルの著名な法学者、弁護士。ブラジル弁護士協会会長、国際司法裁判所判事《はんじ》などを務《つと》めた。ブラジル文学アカデミー会員。

環境《かんきょう》と開発に関する国連会議　一九九二年六月三日から十四日にかけて、リオデジャネイロで開かれた環境問題について討議する国連の国際会議。百数十カ国の代表が参加した。環境と開発に関するリオ宣言、二十一世紀へ向けての行動計画であるアジェンダ21などの原則を決定したほか、気候変動《きこうへんどう》枠組《わくぐ》み条約及び生物多様性《せいぶつたようせい》条約について署《しょ》名《めい》を行う場となった。

ガンジー（一八六九年—一九四八年）　インドの政治家。独立の父と仰《あお》がれる。英国に学び弁護士を開業。南アフリカで人種差別法令《ほうれい》の撤廃《てっぱい》に努力し、ついで無抵抗《むていこう》、不服従《ふふくじゅう》、非暴力主義をもってインド独立に尽力《じんりょく》。独立の翌年、ヒンドゥー教徒に射殺《しゃさつ》された。文豪タゴールからマハトマ（偉大《いだい》な魂《たましい》）と称《しょう》する詩を献《けん》じられたことから、マハトマ・ガンジーと呼ばれている。

ガンジー記念館　一九八四年九月に設立。ニューデリーのガンジーが凶弾《きょうだん》に倒れた場所に建てられている。インド文化省の支援のもと、ガンジーの思想と生涯、業績を宣揚《せんよう》している。

寛容《かんよう》の博物館《はくぶつかん》　全人類の相互《そうご》理解を促進《そくしん》するためにサイモン・ウィーゼンタール・センターによってつくられた博物館。人種差別やナチスによる大量虐殺《ぎゃくさつ》の歴史などをユニークな双方向展示《そうほうこうてんじ》形式《けいしき》で展示している。

キュリー（一八六七年―一九三四年）マリー。ポーランド生まれのフランスの物理学者。夫のピエールとともに放射線《ほうしゃせん》を研究し、ラジウムなどの発見により、一九〇三年にノーベル物理学賞、一九一一年にノーベル化学賞を受賞。国際連盟の知的協力国際委員会の委員としても活躍した。

キング（一九二九年―六八年）アメリカの黒人解放運動の指導者。キリスト教牧師《ぼくし》。人種差別の撤廃《てっぱい》をめざす運動にガンジーの非暴力方式を導入《どうにゅう》した。一九六四年、ノーベル平和賞を受賞。六八年に暗殺《あんさつ》された。

クーデンホーフ・カレルギー（一八九四年―一九七二年）オーストリアの貴族《きぞく》を父に、日本女性・青山光子を母として東京に生まれ、ウィーン大学で哲学と近代史を学ぶ。早くから「汎《はん》ヨーロッパ主義」を提唱《ていしょう》し、ウィーンを拠点としてEC（欧州共同体）の実現に尽力《じんりょく》した。

クラーク（一八二六年―八六年）ウィリア

ム・S。アメリカの化学者、教育家。一八七六年、北海道開拓使《かいたくし》に招聘《しょうへい》されて来日《らいにち》。札幌農学校教頭となり、北海道開拓に必要な人材育成に尽《つ》くした。キリスト教信仰に基《もと》づく訓育《くんいく》は内村鑑三《かんぞう》や新渡戸《にとべ》稲造《いなぞう》らの学生に深い感化《かんか》を及《およ》ぼした。離日《りにち》に際して残したとされる「青年よ、大志《たいし》をいだけ」の言葉は有名。

グラスノスチ　元来《がんらい》は「声に出す」という意味のロシア語。ゴルバチョフのペレストロイカと表裏一体《ひょうりいったい》をなす情報公開政策のこと。

クリトン　ソクラテスと同郷《どうきょう》であり、幼《おさな》なじみの親友。プラトンの『クリトン』によれば、死刑を命じられて獄中《ごくちゅう》にあるソクラテスを訪《おとず》れ、亡命《ぼうめい》を勧《すす》めたが、ソクラテスが断《ことわ》った話は有名。

偈《げ》　経・論などのなかに、韻文《いんぶん》の形で、仏徳《ぶっとく》を賛嘆《さんたん》し教理を述べたもの。

啓蒙《けいもう》**主義**　十七、十八世紀の西欧《せいおう》に現れた人間の理性を信頼し、理性による人間の自律《じりつ》をめざす思想。スコラ哲学や教会の専横《せんおう》を批判した。

ゲーテ（一七四九年―一八三二年）ヨハン・ヴォルフガング。ドイツの詩人、作家。一七七四年『若きウェルテルの悩み』で文壇《ぶんだん》の脚光《きゃっこう》をあび、疾風怒涛《しっぷうどとう》期の旗手《きしゅ》となる。翌年ワイマール公の招《まね》きで政務を担当。解剖《かいぼう》、地質、鉱物《こうぶつ》、動植物などの研究も行い、間顎骨《かんがっこつ》を発見した。シラーとともにドイツ古典主義時代を築《きず》いた。著書に『親和力』『西東詩編』『ファウスト』など。

ゲティスバーグの演説《えんぜつ》　リンカーン大統領が一八六三年十一月十九日、ペンシルベニア州のゲティスバーグで行《おこな》った演説。有名な「人民の、人民による、人民のための政治」という言葉で締《し》めくくられるこの演説は、アメリカ民主主義の精神を象徴《しょうちょう》する歴史的演説である。

ケプラー（一五七一年—一六三〇年）ヨハネス。ドイツの天文学者。ティコ・ブラーエの弟子となり、彼の火星観察記録を受け継ぎ、火星運動のケプラーの第一法則、第二法則、第三法則を発表。ニュートンの万有《ばんゆう》引力《いんりょく》発見の基礎《きそ》をつくる。

原罪《げんざい》　キリスト教における人類が犯《おか》した最初の罪。『旧約聖書』によれば、アダムとイブはエデンの園で悪魔《あくま》に誘惑《ゆうわく》され、神の命《めい》に背《そむ》いて、禁断《きんだん》の実を食べた。彼らの罪は、その後の全人類に担《にな》われているとされる。

権利の章典《しょうてん》　一六八九年に制定された「臣民《しんみん》の権利および自由を宣言し、王位継承《けいしょう》を定める法律」のこと。立憲君主制《りっけんくんしゅせい》の基礎《きそ》を固めた重要な議会制定法《せいていほう》である。

『コーラン』　イスラム教の根本聖典《こんぽんせいてん》。創始者《そうししゃ》ムハンマドが受けた神の啓示《けいじ》を結集したもの。イスラムの世界観・信条・倫理・行為《こうい》規範《きはん》をアラビア語の散文詩体《さんぶんしたい》で述べ、百十四章から成る。

五戒《ごかい》　在家《ざいけ》が持つべき五種の戒《いまし》め。不殺生《ふせっしょう》戒、不偸盗《ふちゅうとう》戒、不邪淫《ふじゃいん》戒、不妄語《ふもうご》戒、不飲《ふおん》酒《じゅ》戒。

国際人権規約《きやく》　一九六六年の第二一回国連総会において、採択《さいたく》された「経済的、社会的及び文化的権利に関する国際規約」（社会権規約あるいはA規約）「市民的及び政治的権利に関する国際条約」（自由権規約あるいはB規約）並びに自由権規約についての選択議定書の三つの条約の総称。世界人権宣言とともに国際人権章典《しょうてん》を構成し、国連の人権の分野での活動の総決算といえる。

国連憲章《けんしょう》　国連の目的と原則、主要機関の構成と任務、国際紛争の解決方式などについて定めた、国連の憲法ともいうべき条約。百十一条からなる。

国家総動員法《そうどういんほう》　戦争遂行《すいこう》のために社会・経済生活のすべてを統制し、運用する広汎《こうはん》な権限を政府に与えた委任《いにん》立法。一九三八年に制定され、四五年末に廃止《はいし》された。

コックス（一九二九年―　）　アメリカ宗教学研究の第一人者。『世俗《せぞく》都市の宗教』『民衆宗教の時代』など著書多数。九二年五月二日に池田SGI会長と会談。

コペルニクス（一四七三年―一五四三年）　ニコラウス。ポーランドの天文学者。天体観測をつづけ、地動説を発表し、天動説に基《もと》づく中世のキリスト教的世界観に大転換《だいてんかん》をもたらした。

ゴルバチョフ（一九三一年―　）　ゴルバチョフ財団総裁《そうさい》。モスクワ大学法学部卒。一九五二年ソ連共産党に入党。八五年党書記長、八八年最高会議幹部会議長に就任《しゅうにん》。国内ではペレストロイカに励《はげ》み、九〇年大統領制を導入し大規模な政治機構改革を断行《だんこう》した。外交にあっても新思考を旗印《はたじるし》に中国、アメリカ、日本などを訪問し、関係正常化に歴史的な役割を果たした。九一年にノーベル平和賞受賞。ソ連邦の解体とともに大統領を辞任《じにん》。その後、ゴルバチョフ財団を創設し、世界の有力紙で言論活動を開始。国際緑十字初代会長。

〈さ行〉

サイモン・ウィーゼンタール・センター　一九七七年に創設された人権保護団体。ロサンゼルスを根拠地《こんきょち》に、アメリカ、カナダ、フランス、イスラエルに事務所がある。

サティヤーグラハ　本来は「真理の把《は》握《あく》（把《は》持《じ》）」の意味で、サンスクリット語の「サティヤー」（真理）と「グラハ」（把持）を合成《ごうせい》したガンジーの造語《ぞうご》。転じて「非暴力」「無《む》抵抗《ていこう》・不服従《ふふくじゅう》運動」「消極的抵抗」などを意味する、ガンジーの社会・政治運動の根幹《こんかん》をなす理念。

三世《さんせ》間《けん》　インドの龍樹《りゅうじゅ》（ナーガールジュナ・一五〇年頃—二五〇年頃）が『大智度論』で一切の差別法を五《ご》陰《おん》世間（主客の五要素＝色・受・想・行・識）・衆生《しゅじょう》世間（主体）・国土世間（客体）の三種に分類した理論。「十如《じゅうにょ》是《ぜ》」「十界互《じっかいご》具《ぐ》」とともに天台大師の「一念三千」の法理を構成する概念《がいねん》の一つ。

ジェファーソン（一七四三年—一八二六年）アメリカ合衆国第三代大統領。「アメリカ独立宣言」の起《き》草者《そうしゃ》として有名。国務長官、副大統領を務《つと》め、一八〇一年に大統領に就任《しゅうにん》。新しい総合大学設立の構想に熱意を示し、バージニア大学を開校した。

四《し》諦《たい》　四聖諦。仏が悟《さと》った四つの真理（諦）ということ。①苦諦（人生は苦であるという真理）②集諦（煩悩《ぼんのう》や六根《ろっこん》から起こる愛着が苦の原因となるという真理）③滅諦（苦を滅した悟りに関する真理）④道諦（悟りに至《いた》る修行方法に関する真理）。原始仏教の中心の教説とされる。

十戒《じっかい》　『旧約聖書』に出てくる、イスラエルの民の神（ヤハウェ）がシナイ山でモーセに与えたという十カ条の戒《いまし》め。キリスト教の倫理の根幹《こんかん》をなす。「わたしをおいてほかに神があってはならない」以下、殺人・姦淫《かんいん》・盗み・偽証《ぎしょう》・貪欲《とんよく》等を戒めた。

四無量心《しむりょうしん》　衆生《しゅじょう》を憐愍《れんみん》する心、すなわち慈《じ》、悲《ひ》、喜《き》、捨《しゃ》の四心をいう。無量の福を与えるので無量心という。

社会権　資本主義経済の発達によって生み出された貧富《ひんぷ》の格差、失業などの社会問題を克服《こくふく》し、実質的な自由と平等を保障する自由権に対して、新しい型の権利。生存権、教育を受ける権利、労働基本権などがある。

邪見《じゃけん》　正見《しょうけん》に対する語。因果《いんが》の道理を否定する不正な見解のこと。

シャトーブリアン（一八九一年―一九六八年）ブラジルの新聞王と呼ばれた。シャトーブリアンの発議《はつぎ》で、一九四七年に、南米随一《ずいいち》ともいわれるサンパウロ美術館が設立された。

十《じゅう》（善《ぜん》）戒《かい》　十善を受持すること。大乗の在《ざい》家《け》男女の持つ戒で、十悪を防止する戒律《かいりつ》。不殺生《ふせっしょう》、不偸盗《ふちゅうとう》、不邪淫《ふじゃいん》、不妄語《ふもうご》、不両舌《ふりょうぜつ》、不悪口《ふあっく》、不綺語《ふきご》、不貪欲《ふとんよく》、不瞋恚《ふしんに》、不邪見《ふじゃけん》をいう。

自由権　国家権力による侵害《しんがい》・干渉《かんしょう》を排除《はいじょ》して、個人の自由な生活領域を確保する権利。思想、信教、表現、学問の自由など精神的自由権と身体、職業選択の自由、財産権など経済的自由権に分けることができる。

十大弟子《でし》　釈尊《しゃくそん》の弟子のなかで上首の十人のこと。舎利《しゃり》弗《ほつ》、摩訶《まか》迦葉《かしょう》、阿《あ》難陀《なんだ》、須菩《しゅぼ》提《だい》、

富楼那《ふるな》、目連《もくれん》、迦旃延《かせんねん》、阿那律《あなりつ》、優波離《うばり》、羅睺羅《らごら》の十人。

シューマン（一八八六年―一九六三年）　フランスの政治家。フランスの外相、蔵相、首相を務《つと》めた。ヨーロッパ石炭鉄鋼《せきたんてっこう》共同体（ECSC）の創設を提案し、ヨーロッパ統合の推進者として知られる。

勝鬘経《しょうまんきょう》　舎衛国《しゃえこく》の波斯匿王《はしのくおう》の娘・勝鬘夫人が仏《ほとけ》の威神力を受けて説いたといわれる経典。古来、在家得道《ざいけとくどう》を説いた経典として知られる。勝鬘夫人を語り手とし、一乗《いちじょう》思想・如来蔵《にょらいぞう》思想などを説く代表的な大乗経典。

人権宣言　近代の人権宣言は、一七七六年のアメリカ独立革命の「バージニア権利章典」に始まり、次いで、一七八九年のフランス革命の「人および市民の権利の宣言」によって成立したといえる。

瞋恚《しんに》　怒《いか》る、恨《うら》むこと。自分の心にかなわないものに対して怒り、恨んで正しい価値判断のできない状態のこと。

スコラ哲学　中世ヨーロッパのキリスト教会の教義を理性的に弁証《べんしょう》する哲学。主としてアリストテレスの哲学が採用《さいよう》されたが、プラトンの影響《えいきょう》や神秘的傾向《けいこう》も認められる。

ストア学派《がくは》　古代ギリシャ、ローマの哲学史上、紀元前三世紀から二世紀にかけて大きな影響力《えいきょうりょく》をもった学派。キプロスのゼノンが創始《そうし》した。その名は、ゼノンがアゴラ（広場）に面したストア・ポイキレー（彩色《さいしき》柱廊《ちゅうろう》）を本拠に学園を開いたことに由来する。汎神論《はんしんろん》的唯物論の立場をとり、宇宙理性としてのロゴスが世界に遍在《へんざい》し、一切はこのロゴスの摂理《せつり》としての必然性に従って生起《せいき》するとした。

生命宇宙　仏法では、この宇宙の森羅万象《しんらばんしょう》（三千）が、一個の人間の瞬間の生命（一念）にことごとく納《おさ》まるとする一念三千の法門を説く。宇宙の森羅万象と一個の生命が不可分《ふかぶん》であるゆえに、一個の生命は宇宙大の広がりをもつものといえる。

生命の奥底《おうてい》　人間の善悪の行為を、「種子」として蓄《たくわ》え、生長させる生命の働きは、仏法の九識《くしき》のなかでは阿頼耶識《あらやしき》と呼ばれる。その種子が、生命がエゴイズムなどの煩悩《ぼんのう》におおわれると、苦の果としてあらわれる。

世界人権宣言　一九四八年十二月十日、パリで開かれた第三回国連総会で採択《さいたく》された。すべての人民とすべての国が達成すべき人権の基準として布告《ふこく》された三十条からなる宣言。

世親《せしん》　四―五世紀ごろのインドの大乗論師。天親《てんじん》とも言う。学才《がくさい》の誉れ高く、初め小乗教を学び、後に兄の無著《むじゃく》の勧《すす》めで大乗教に帰伏《きふく》した。大乗経の論書や唯識《ゆいしき》思想の解説書をつくり、大いにその宣揚《せんよう》・弘教《ぐきょう》に努《つと》めた。千部の論師といわれた。

ソウェト蜂起《ほうき》　ソウェトは南アフリカ・ヨハネスブルク近郊の黒人居留区《きょりゅうく》。一九七六年、中学、高校へのアフリカーンス語の強制導入に反対して、六月十六日、約二万人の学生がデモに参加。警官隊が発砲《はっぽう》し、多くの死傷者を出した。事件は南アフリカ全土に広がり、労働者や市民も蜂起し、一大抗議運動となった。

『創価教育学体系』　牧口常三郎創価学会初代会長が、みずからの実践、思索をもとに提《てい》唱《しょう》した創価教育学を体系化した著作。昭和五年十一月から、九年六月にかけて、冨山房より出版された。二〇〇九年七月現在、英語、ポルトガル語、フランス語、ベトナム語版など、世界十四言語で発刊。

ソクラテス（前四七〇年—前三九九年） 古代ギリシャの哲学者。アテナイで活動し、その半生《はんせい》を市民の道徳意識の改革に捧《ささ》げた。市民との対話によって無知を自覚《じかく》させ、問答《もんどう》を介《かい》して普遍的真理と徳の探求《たんきゅう》へと導こうとした。しかし、市民の誤解を招《まね》き、青年を堕落《だらく》させた罪で裁判にかけられ、処刑された。

〈た行〉

第一条 「すべての人間は、生《うま》れながら自由で、尊厳と権利について平等である。人間は、理性と良心を授《さず》けられており、同胞《どうほう》の精神をもって互《たがい》に行動しなくてはならない」

大憲章《だいけんしょう》 マグナ・カルタ。一二一五年、イギリスで発布《はっぷ》された王の専横《せんおう》を制限することを目的とした六十三カ条の法。立憲《りっけん》政治への礎《いしずえ》の意味をもつとされ、イギリス憲法の土台となった。恣意的《しいてき》な課税の禁止など、主として封建貴族《ほうけんきぞく》の権利を再確認したものであるが、その中の諸条項が近代になって人民の自由と議会の権利を擁護《ようご》したものと解釈され、権利請願《せいがん》や権利章典《しょうてん》とともにイギリス憲法の三大法典と称《しょう》されるにいたった。

第三〇条 「この宣言は、いかなる国、団体または個人に対しても、この宣言にかかげられているいずれかの権利および自由を破壊することを目的とする活動に従事《じゅうじ》し、またはは右の目的を有する行為《こうい》を遂行《すいこう》するいかなる権利をも、包含《ほうがん》するものと解釈《かいしゃく》してはならない」

大乗仏教　西暦紀元前後からインドに起こった仏教の革新《かくしん》運動。それ以前の部派仏教である小乗教が、阿羅漢《あらかん》となることを理想としていたのに対し、仏《ほとけ》になることを理想とした。慈悲《じひ》を重視し、みずからを菩薩と呼んだ。

第一九条　「何人《なんぴと》も、意見および発表の自由を享有《きょうゆう》する権利を有する。この権利は、干渉をうけることなく自己の意見をいだく自由、および、あらゆる手段によりかつ国境にかかわりなく、情報および思想を求め、うけかつ伝える自由を含む」

第二九条　「（一）個人は、自己の人格の自由かつ完全な発展がその中にあってはじめて可能とせられる社会に対して義務を負う。（二）何人《なんぴと》も、その権利と自由を行使するに当っては、他人の権利と自由に対する正当な承認《しょうにん》と尊重《そんちょう》とを確保しかつ民主的社会における道徳、公《おおやけ》の秩序《ちつじょ》および一般的福祉の正当な要求を保障することをもっぱら目的として法律が定めている制限にのみ、したがうものとする。（三）これらの権利および自由は、いかなる場合にも、国際連合の目的と原則に反して行使《こうし》せられてはならない」

第二条の二項　「個人の属《ぞく》する国または地域が、独立国であると信託統治《しんたくとうち》地域であると非自治地域であると又は他のなんらかの主権の制限がある地域であるとを問わず、その国または地域の、政治上、管轄上又《かんかつじよう》は国際上の地位にもとづくいかなる差別も設《もう》けてはならない」

第二六条「(一)何人《なんぴと》も、教育をうける権利を有する。教育は、少くとも初等のかつ基礎の課程では、無料でなくてはならない。初等教育は義務とする。専門教育と職業教育は、一般に利用し得るものでなくてはならない。また高等教育へのみちは、能力に応じて、すべての者に平等に開放されていなくてはならない。(二)教育は、人格の完全な発展と人権および基本的自由の尊重《そんちよう》の強化とを目的としなくてはならない。教育は、すべての国および人種的または宗教的集団のあいだにおける理解、寛容《かんよう》および友好関係を増進し、かつ、平和の維持のために国際連合の活動を促進するものでなくてはならない。(三)両親は、その子供に与える教育の種類を選択《せんたく》する優先的な権利を有する」

タゴール（一八六一年―一九四一年）ラビンドラナート。近代インド最大の文学者。インド独立運動の精神的支柱《しちゆう》となる。代表作に詩集『黄金の舟』『ギーターンジャリ』、小説『郷土と世界』『ゴーラ』など。ノーベル文学賞受賞。

ダランベール（一七一七年―八三年）フランスの物理学者、数学者、哲学者。ニュートンの力学を動力学に拡張《かくちよう》して「ダランベールの原理」を樹立《じゆりつ》。また、積分《せきぶん》の原理、弦・空気の振動《しんどう》、天文学に関する理論などを発表した。ディドロらと『百科全書』を刊行した。

ダンテ（一二六五年―一三二一年）アリギエ

リ。ルネサンス文学の地平を開いたイタリア最大の詩人。中世と近世との分水嶺《ぶんすいれい》に位置する。早逝《そうせい》したベアトリーチェへの初恋はその文学にとって意味ぶかい。政治に加わり、一三〇〇年、フィレンツェ共和国の六統領の一人となったが、翌年追放《ついほう》され、半生《はんせい》を放浪《ほうろう》しながら文学に精進《しょうじん》。代表作『神曲』のほかに、『新生』『饗宴』、および『帝政論』『水陸論』『俗語論』など。

治安維持法《ちあんいじほう》　一九二五年に制定された思想、結社取り締《けつしやとしま》り法。主に国体の変革と私有財産制度の否認《ひにん》を目的とする結社を取り締まることを目的とした。

ツヴァイク（一八八一年―一九四二年）　シュテファン。オーストリアのユダヤ系作家。平和主義者として、すぐれた人物評論、小説などを書いた。ナチスの迫害《はくがい》を逃《のが》れるため、ブラジル亡命中《ぼうめいちゅう》に自殺した。

ディドロ（一七一三年―八四年）　デニス。フランスの作家、啓蒙《けいもう》思想家。啓蒙主義の知識人を動員し、ダランベールとともに『百科全書』を刊行。該博《がいはく》な知識と多方面の才能をもち、小説『ラモーの甥』『運命論者ジャック』のほか、哲学、文学、美術、演劇などに関する多くの著作がある。

『テーラガーター』　初期の仏典の一つ。「長老《ちょうろう》の詩」という意味。男性の修行僧《しゅぎょうそう》の詩を編纂《へんさん》したもの。パーリ語文献のみで、漢訳は存在しない。

デクラーク（一九三六年―　）　南アフリカ共和国元大統領。南アフリカ神学大学法学部卒。一九八九年大統領に就任《しゅうにん》し、九〇年に黒人解放運動の指導者マンデラ氏を釈放《しゃくほう》。非常事態宣言を解除《かいじょ》し、アパルトヘイトを廃止する。九一年にユネスコ平和賞受賞。

転輪王《てんりんおう》　仏典《ぶってん》に説かれる、全世界を統治《とうち》するとされる理想の王のこと。天から輪宝《りんぽう》を得て、それを転じて、山河《さんが》を平坦《へいたん》にして、四方を降伏《こうふく》させるのでこう呼ばれる。輪王、転輪聖王《じょうおう》ともいう。

トインビー（一八八九年—一九七五年）　イギリスの歴史学者。ロンドン大学教授、王立国際問題研究所研究部長、外務省調査部長を務《つと》めた。全人類史をまとめた主著『歴史の研究』で注目され、独自の文明批評を展開した。日本には三度来訪。池田SGI会長との対談集『二十一世紀への対話』（『池田大作全集 3』収録）もある。

戸田城聖《じょうせい》（一九〇〇年—五八年）　創価学会第二代会長。石川県に生まれ、北海道で青少年時代を過ごす。上京して創価学会初代会長の牧口常三郎に師事《しじ》し、創価教育学会（創価学会の前身）を設立。戦時中、治安維持《ちあんい》持法違反《じほういはん》で牧口会長とともに投獄《とうごく》される。牧口会長は獄死、戸田は二年間の獄中生活を送り、戦後、創価学会の発展に尽《つ》くした。主著に『推理式指導算術』『戸田城聖全集』など。

トルストイ（一八二八年—一九一〇年）　レフ。ロシアの作家、思想家。リアリズム文学の最高峰。人間の内面を描《えが》きつつ、生涯、真実の探究者《たんきゅうしゃ》として思想的探究をつづけた。代表作は『戦争と平和』『アンナ・カレーニナ』『懺悔《ざんげ》』『復活』など。

貪欲《とんよく》　貪《むさぼ》ること。一切の煩悩《ぼんのう》の根本の一つ。世間の事物を貪愛《とんあい》し五欲（色欲《しきよく》、声欲《しょうよく》、香《こう》欲《よく》、味欲《みよく》、触欲《そくよく》）の境《さかい》に執着《しゅうちゃく》する心の働きをいう。

〈な行〉

ナチス・ドイツ　ヒトラーを党首とした国家社会主義のドイツ労働党。第一次大戦後に台頭《たいとう》し、一九三三年に政権を掌握《しょうあく》。反個人主義、反共産主義、反ユダヤ民族主義を標《ひょう》榜《ぼう》し、独裁《どくさい》政治を断行《だんこう》した。

ナポレオン（一七六九年―一八二一年）　ボナパルト。フランス革命軍の軍人として活躍。クーデターを起こし、執政《しっせい》になり、後フランス皇帝《こうてい》となる。新憲法の制定、ナポレオン法典《ほうてん》の編纂《へんさん》、フランス銀行の設立など、近代フランスの基礎を築《きず》くが、ワーテルローの戦いに敗れ、セントヘレナ島に流され、同地で没《ぼつ》。

ニュートン（一六四三年―一七二七年）　アイザック。イギリスの数学者、物理学者。ケンブリッジ大学のバロー教授に師事《しじ》し、数学・光学・力学を学ぶ。微積分法《びせきぶんほう》の発見や反射望遠鏡《はんしゃぼうえんきょう》の発明、万有引力《ばんゆういんりょく》の法則の発見など自然科学に多大な功績を残した。

忍性《にんしょう》（一二一七年―一三〇三年）　鎌倉時代の真言律宗の僧。北条重時《しげとき》が建てた極楽寺の開山となる。鎌倉幕府と結託《けったく》して、日蓮大聖人を迫害した。

涅槃経《ねはんきょう》　大乗経典の『大般涅槃経』のこと。釈尊《しゃくそん》の入滅《にゅうめつ》の場面を舞台に、如来《にょらい》の常住《じょうじゅう》、一切衆生悉有仏性《いっさいしゅじょうしつうぶっしょう》などの思想を説く。

ネルー（一八八九年―一九六四年）　ジャワハルラル。インド初代首相（任一九四七年―六四年）。イギリスのケンブリッジ大学に留学し、弁護士の資格を得る。帰国後、ガンジーの指導のもとインドの独立運動に挺身《ていしん》し、九回にわたって逮捕、投獄《とうごく》された。独立後は没《ぼっ》するまで首相として活躍した。

〈は行〉

バージニア権利章典《しょうてん》　アメリカの独立革命のさい、バージニアは、いち早く独立を宣言し、一七七六年六月十二日、権利章典を採《さい》択《たく》した。

パイドン（前四七〇年—前三九九年）　古代ギリシャの哲学者。ソクラテスに師事《しじ》し、ソクラテスの没後《ぼつご》、故郷のエリスに帰ってエリス学派を開いた。

パウリ（一九〇〇年—五八年）　スイスの物理学者。チューリヒ大学教授などを務《つと》めた。パウリの排他《はいた》原理《げんり》を発見。ニュートリノの存在を予言するなど活躍。四五年ノーベル物理学賞受賞。

パウロ　初代のキリスト教の伝道者。『新約聖書』のなかに、パウロが書いたとされる手紙が十三通収《おさ》められている。

バッハ（一六八五年—一七五〇年）　ジョーン・セバスチャン。バロック時代の末期に活躍したドイツの大作曲家。バロック音楽を集《しゅう》大成《たいせい》したといわれる。

『ハムラビ法典《ほうてん》』　紀元前十八世紀のバビロン第一王朝第六代のハムラビ王によって制定された法典。現存するなかでは、最も古い法典の一つ。後世にまで大きな影響《えいきょう》を与えた。

バラモン　インドの階級制度であるカースト制度で最高位にある僧侶《そうりょ》階級のこと。

バラモン教　インドのヒンドゥー教の前身にあたる宗教。『リグ・ヴェーダ』などのヴェーダ聖典を根本とし、バラモンが指導する祭式《さいしき》を重視した。

バルボーザ（一八四九年―一九二三年）　一八八九年のブラジルの連邦《れんぽう》共和制の成立に民間人として活躍。共和政権の臨時政府の大蔵大臣となった。

パンディ（一九〇六年―九八年）　インドの上院議員。ガンジー記念館の副議長。十四歳のとき、タゴールの紹介でガンジーと会い弟子となる。全インド作家協会会長も務《つと》めた。

ビッグ・バン　およそ百五十億年前、超高温・超高密度《みつど》に凝縮《ぎょうしゅく》された一つの固まりであった宇宙のすべての物質が、ある瞬間に大爆発し、物質と放射エネルギーがあらゆる方向に飛び散って膨張《ぼうちょう》を始めたとする宇宙の起源と進化に関する仮説。ベルギーの天文学者ジョルジュ・ルメートルの宇宙進化論やジョージ・ガモフの『αβγ理論』に基《もと》づく。

百科全書派　『百科全書』はディドロとダランベールを編集責任者として、二百六十四人の執筆者によって完成した十八世紀フランスの百科事典。神を中心とした西欧文化の古い枠組《わくぐ》みを壊《こわ》し、人間を中心とした知識の再編成を目的とした。参加した執筆者たちが百科全書派と呼ばれる。

平等性智《しょうち》　平等智ともいう。我見《がけん》や我執《がしゅう》を離れて一切法を観《かん》じ、一切の有情界《うじょうかい》はすべて無差別平等なりと観じて、衆生《しゅじょう》を利益《りやく》する智慧《ちえ》をいう。

フーガ　模擬《もぎ》対位法《たいいほう》による音楽の形式。十七―十八世紀の器楽曲の主要な形式の一つ。名称はラテン語の「逃げる」に由来する。

フォード（一八六三年―一九四七年）　自動車の

生産に、近代的な組み立てラインを導入、大量生産方式を生みだし、T型車を発売。アメリカの自動車王と呼ばれた。フォード財団などを設立。

不可知論《ふかちろん》　一般に、事物の究極の実在や神などは、人間は知りえぬと説く立場をさす。

普通選挙法《せんきょほう》　一九二五年に制定された衆議院議員選挙法のこと。この法律によって、成人男子一般に選挙権が認められた。

仏性《ぶっしょう》　仏《ほとけ》の性分、本性のこと。また、仏になるための因として一切の衆生《しゅじょう》に本然的《ほんねんてき》に具《そな》わっている仏の種子《しゅし》のこと。

プトレマイオス　生没年不詳。二世紀中頃、アレキサンドリアで活躍したギリシャの天文学者。『天文学体系』を著《あらわ》した。

ブラーエ（一五四六年―一六〇一年）デンマークの天文学者。ケプラーの師匠。十六年間にわたり火星を観測し、その記録はケプラーに引き継がれ、惑星《わくせい》公転の三法則の基礎《きそ》となった。

ブラジル文学アカデミー　一八九七年に創立。四十人の国内会員と二十人の在外会員で構成される南米最高の知性の殿堂《でんどう》。社会貢献《こうけん》の教育、知的啓蒙《けいもう》活動を推進している。

プラトン（前四二七年―前三四七年）ギリシャの哲学者。ソクラテスに師事《しじ》。のちにアテネにアカデメイアを創設した。霊魂《れいこん》の不滅を主張し、霊魂の眼で捉《とら》えられる個物の原型としてのイデア（普遍者《ふへんしゃ》）が真の実在であると説き、このイデア論に基《もと》づいて認識、道徳、国家、宇宙の諸問題を論じた。著書に『ソクラテスの弁明』『饗宴』『国家』など多数。

フランクリン（一七〇六年―九〇年）　アメリカの政治家、文筆家、科学者。独立宣言の起草《きそう》にも参加し、合衆国憲法制定会議にも参与した。「代表的アメリカ人」と呼ばれる。理化学に興味を持ち、雷と電気とが同一であることを立証し、避雷針《ひらいしん》を発明した。自叙伝は有名。

フレイレ（一九二一年―九七年）　ブラジルの教育者。レシーフェ大学卒。意識化の教育論を提唱《ていしょう》し、識字《しきじ》運動の先頭に立つ。八九年にサンパウロ市教育長に就任《しゅうにん》。ユネスコ平和教育賞を受賞。

米州人権条約《べいしゅうじんけんじょうやく》　アメリカを中心にカナダや中南米の三十三カ国が加盟する米州機構が、一九六九年に採択《さいたく》、一九七八年に発効《はっこう》した人権条約。市民的及び政治的権利のみを保障しているのが特徴《とくちょう》。

ベーコン（一五六一年―一六二六年）　フランシス。イギリスの哲学者、政治家。学問の科学的方法と経験論を重視し、デカルトとともに西欧の近代哲学の祖《そ》と言われる。帰納《きのう》法《ほう》を唯一の方法とすることによって、自然を正しく認識しようとした。

ベセル（一九二三年―　）　アメリカの比較教育学者。ミシガン州立大学で博士号を取得。現在、インターナショナル大学教授。牧口初代会長の創価教育学を研究している。著書に『価値創造者――牧口常三郎の教育思想』がある。また、英語版『創価教育学体系』の編集者でもある。

ヘブライズム　ヘレニズムと並ぶヨーロッパ思想の二大源流の一つ。ユダヤ教やキリスト教思想の基となっているヘブライ人の思想、文化。神から人への啓示《けいじ》を根幹とする。

ベルクソン（一八五九年―一九四一年）　アンリ・ルイス。フランスの哲学者。スペンサーの進化論から影響《えいきょう》を受け、生の創造的進化を説いて、「生の哲学」といわれる思想体系を打ち立てた。主著に『創造的進化』『道徳と宗教の二源泉』など。ノーベル文学賞を受賞。

ペレストロイカ　改革、再建の意。旧ソ連でゴルバチョフ大統領が社会、経済にわたって行った抜本的《ばっぽんてき》改革政策。グラスノスチ（情報公開）による情報の自由化、複数政党制の実施、市場経済の一部導入などが特《とく》徴《ちょう》。

ヘレニズム　ヘブライズムと対比して、ヨーロッパ思想のもう一つの源流であるギリシヤ人の思想、文化。

ホイットマン（一八一九年―九二年）　アメリカのロマン派詩人。自由な形式で自然や民衆の生活を活写しながら、自由と民主主義の精神をおおらかに歌い上げた。詩集『草の葉』など。

法勅《ほうちょく》　アショーカ王の勅令《ちょくれい》を石柱に刻《きざ》んだもの。インド各地に建てられた。

法華経　代表的大乗経典の一つ。序品から普《ふ》賢菩《げんぼ》薩勧発品《さつかんぼつほん》まで二十八品よりなる。釈尊《しゃくそん》の出世《しゅっせ》の本懐《ほんかい》を説いている。

ホッブズ（一五八八年―一六七九年）　トーマス。イギリスの哲学者、政治学者。自然主義や唯物論《ゆいぶつろん》を国家や社会に適用した。人間の自然状態は、万人《ばんにん》の万人に対する戦いであるとし、相互の契約によって国家を作り、万人がこれに従うことによって平和が確立されると説いた。主著に『リヴァイアサン』。

ホロコースト　ナチス・ドイツによって行われたユダヤ人の大量虐殺《ぎやくさつ》。

煩悩《ぼんのう》　思想的または本能的な欲望《よくぼう》に心をわずらわされて身を悩ますこと。心身ともに乱れて、真の自由が得られないこと。

〈ま行〉

マーヤー（摩耶《まや》夫人）　迦毘羅衛《かびらえ》国《こく》の浄飯王《じようぼんのう》の妃《きさき》で、釈尊《しやくそん》の生母《せいぼ》と伝えられている。

牧口常三郎（一八七一年―一九四四年）　創価学会初代会長。創価教育学の提唱者《ていしようしや》。一八七一年、新潟県刈羽郡荒浜村に生まれる。半《はん》生《せい》を教育界に捧《ささ》げ、地理教育の改革、新教育学の樹立《じゆりつ》に尽力《じんりよく》。一九二八年に日蓮大聖人の仏法に帰依《きえ》し、以来、宗教革命の先駆者として不惜身命《ふしやくしんみよう》の活動をつづけ、一九四四年、獄中《ごくちゆう》で七十三歳の生涯を閉じた。

末那識《まなしき》　九識のなかの第七識で思量識《しりようしき》ともいう。第六識の意識の奥にあり、自我《じが》を愛し、煩悩《ぼんのう》の渦巻《うずま》く段階。

マリク　元レバノン外相。国連大使、駐米大使などを歴任《れきにん》した。世界人権宣言の制定に尽力《じんりよく》し、一九五八年には、国連総会の議長も務《つと》めた。

マリタン（一八八二年―一九七三年）　フランスの哲学者。フランスのカトリック革新運動に主導的役割を果たした。ネオトミズムにより近代哲学を批判し、充足的ヒューマニズムを唱えた。主著『認識の諸段階』。

マリッツバーグ事件　一八九三年に南アフリカに渡ったガンジーは、当時イギリスの植民地だったナタールの首都マリッツバーグで、白人乗客の抗議によって、乗っていた汽車の一等車から警官の手で降ろされてしまう。この事件はガンジーが人種差別と戦う大きなきっかけとなった。

マルクス＝レーニン主義　マルクス主義はマルクスとエンゲルスによって作られた、資本主義が必然的に社会主義に移行し、プロレタリアートが解放されるという思想体系。帝国主義やプロレタリア独裁《どくさい》について考察《こうさつ》したレーニンの学説がマルクス主義を継承《けいしょう》するものである。科学的社会主義を標《ひょう》榜《ぼう》するマルクス＝レーニン主義は、史的唯《ゆい》物論《ぶつろん》から、「宗教はアヘンである」との言葉に象徴《しょうちょう》されるように、無神論の立場をとる。

マンデラ（一九一八年—　）南アフリカ共和国大統領。反アパルトヘイト運動の黒人最高指導者。フォートヘア大学在学中に政治運動に入り、一九四四年ＡＮＣに参加。反《はん》逆罪《ぎゃくざい》で六二年から九〇年二月まで獄中《ごくちゅう》生活を送る。七八年ネルー賞、九一年ユネスコ平和賞受賞。

「皆是《みなこ》れ吾《わ》が子」　仏は主師親《しゅししん》の三徳を具《そな》えており、一切衆生《いっさいしゅじょう》はすべて仏《ほとけ》の子であるという意味。仏の一切の衆生に対する慈悲《じひ》は、吾が子をいとおしむ親の愛情にも似ていることを表している。

無《む》所有《しょう》　釈尊《しゃくそん》は、ぼろぎれをつづった衣（糞《ふん》掃衣《ぞうえ》）を身に着け、人々が供養《くよう》する食物を食べ、蓄財《ちくざい》や家の所有などはみずから避《さ》け、出家《しゅつけ》の弟子たちにも禁じた。

ムッソリーニ（一八八三年—一九四五年）イタリアの政治家。一九一九年にファシスト党を組織。二二年には政権を掌握《しょうあく》し、ファシスト独裁《どくさい》体制を強化した。ヒトラーと組んで第二次大戦に参加し、四三年に連合国軍のシチリア上陸のさいに失脚《しっきゃく》。イタリア降伏《こうふく》後に捕《と》らえられ、銃殺《じゅうさつ》された。

無明《むみょう》　迷いの根本であり、成仏《じょうぶつ》を妨《さまた》げる一切の煩悩《ぼんのう》の根源のこと。

文殊師利菩薩《もんじゅしりぼさつ》　文殊師利はサンスクリット語のマンジュシュリーの音写《おんしゃ》。大乗仏教の悟《さと》りの智慧《ちえ》である般若《はんにゃ》を体現する菩薩であるとされる。

モンテスキュー（一六八九年—一七五五年）フランスの政治思想家、法学者。主著『法の精神』では実証的比較方法を導入し、法律制度と自然的・社会的条件との関連を追求した。また三権分立論を提唱《ていしょう》し、アメリカ合衆国憲法の制定やフランス革命にも影響《えいきょう》を与えた。ほかに『ペルシア人の手紙』『ローマ人盛衰原因論』など。

〈や行〉

維摩経《ゆいまきょう》　大乗経典の代表作の一つ。サンスクリット原典は失《うしな》われているが、漢訳、チベット語訳が現存する。主人公の在家の維摩詰《きつ》が、大乗仏教の核心を説き、出家の仏弟子や菩薩たちを論破していく様がドラマチックに描《えが》かれ、文学性に富《と》んでいる。

ユゴー（一八〇二年—八五年）フランスの詩人、作家。ロマン主義運動の巨頭《きょとう》。一八三〇年の七月革命の頃、自由主義や人道主義の思想に目覚める。五一年のナポレオン三世のクーデターに反対し、十九年間の亡命生活を送った。詩集に『静観詩集』『諸世紀の伝説』、小説に『レ・ミゼラブル』『九十三年』などがある。

由旬《ゆじゅん》　古代インドの里程《りてい》の単位。当時の帝王の一日の行軍《こうぐん》里程をさす。中国の四十里にあたるとされるが、諸説がある。

ヨーロッパ人権条約《じょうやく》　正式には、「人権と基本的自由保護のための条約」。ヨーロッパ審議会が、世界人権宣言のなかの自由権の集団的保障を確保する最初の手段として作成し、一九五三年に発効《はっこう》した。この条約により、ヨーロッパ人権委員会とヨーロッパ人権裁判所が設置され、人権の国際的保障への道を開いた点で、国際法上、重要な意義をもっている。

吉田松陰《しょういん》（一八三〇年―五九年）　幕末の志士《しし》、思想家。長州藩士。兵学に通じ、佐久間象《しょう》山《ざん》に師事《しじ》する。一八五四年にアメリカ渡航を企《くわだ》てたが、投獄《とうごく》される。松下村塾《しょうかそんじゅく》を開き、多くの志士を育成。安政《あんせい》の大獄《たいごく》に座し、江戸で刑死《けいし》。著書に『西遊日記』『講孟余話』『留魂録』など。

〈ら行〉

リンカーン（一八〇九年―六五年）　アメリカ合衆国の第十六代大統領。共和党出身。一八六〇年に大統領に当選。直後に南北戦争が勃発《ぼっぱつ》し、最高司令官として指導力を発揮《はっき》した。奴隷《どれい》解放宣言を発表し、分裂した連《れん》邦《ぽう》の再建に励《はげ》む途中で暗殺《あんさつ》された。「人民の、人民による、人民のための政治」という民主主義の理念を説いたことで著名。

ルーズヴェルト（一八八四年―一九六二年）　エレノア。フランクリン・ルーズヴェルト・アメリカ合衆国第三十二代大統領の夫人。人道主義者として、国連人権委員会の議長を務《つと》め、「世界人権宣言」の作成に大きな役割を果たした。

ルソー（一七一二年—七八年）　ジャン・ジャック。フランスの哲学者、啓蒙《けいもう》思想家。自由・平等を説き、文明社会を激しく批判。人民主権にもとづく共和制を提唱《ていしょう》し、フランス革命に大きな影響《えいきょう》を与えた。主著に『社会契約論』『エミール』など。

ローマ法大全《ほうたいぜん》　東ローマ帝国のユスティニアヌス一世が制定発布《はっぷ》した「法学提要」「学説彙纂《いさん》」「勅法《ちょくほう》彙纂」「新勅法」に対する総称。ユスティニアヌス法典とも呼ばれ、ローマの法律、法学説が集大成《しゅうたいせい》されている。

六波羅蜜《ろくはらみつ》　大乗仏教において、菩薩に課せられた六種の修行のこと。布施《ふせ》、持戒《じかい》、忍辱《にんにく》、精進《しょうじん》、禅定《ぜんじょう》、智慧《ちえ》の六つを言う。

ロック（一六三二年—一七〇四年）　ジョン。イギリスの哲学者、政治思想家。哲学的には観念より経験を重視し、主著『人間知性論』は近世の経験主義的認識論の端緒《たんしょ》を開いた。政治的には個人的自由を基本的人権として擁護《ようご》。その立場から国家論を説き、フランス革命やアメリカ独立に大きな影響《えいきょう》を与えた。ほかに『統治二論』『寛容について』などを著《あらわ》す。

〈わ行〉

ワイマール憲法　第一次世界大戦後、ドイツに誕生したワイマール共和国の憲法。前文および本文百八十一条からなる。いわゆる生存権的基本権を保障した二十世紀の新しい憲法として、各国に大きな影響《えいきょう》を与えた。

〈対談者略歴〉

アウストレジェジロ・デ・アタイデ（Austregésilo de Athayde）
1898年、ブラジル・ペルナンブコ州に生まれる。リオデジャネイロ連邦大学卒業後、新聞記者となる。第３回国連総会にブラジル代表として参加し、「世界人権宣言」の作成に重要な役割を果たす。1959年ブラジル文学アカデミー総裁に就任、逝去までつづける。著書に『苦い歴史』『アジサイの咲く頃』などがある。1993年９月逝去。

池田大作（いけだ　だいさく）
昭和３年（1928年）、東京生まれ。創価学会名誉会長。創価学会インタナショナル（SGI）会長。創価大学、アメリカ創価大学、創価学園、民主音楽協会、東京富士美術館、東洋哲学研究所などを創立。国連平和賞。モスクワ大学をはじめ、世界の大学・学術機関から名誉博士・名誉教授の称号。さらに、桂冠詩人・世界民衆詩人の称号、世界桂冠詩人賞など多数受賞。主著に『人間革命』（全12巻）など。

聖教ワイド文庫――042

二十一世紀の人権を語る

発行日　二〇〇九年九月八日

著　者　池田大作
アウストレジェジロ・デ・アタイデ

発行者　松岡　資

発行所　聖教新聞社
〒一六〇-八〇七〇　東京都新宿区信濃町一八
電話〇三-三三五三-六一一一（大代表）

印刷・製本　大日本印刷株式会社

＊

落丁・乱丁本はお取り替えいたします

定価はカバーに表示してあります
ISBN978-4-412-01422-0

聖教ワイド文庫発刊にあたって

一つの世紀を超え、人類は今、新しい世紀の第一歩を踏み出した。これからの百年、いや千年の未来を遠望すれば、今ここに刻まれた一歩のもつ意義は極めて大きい。

戦火に血塗られ、「戦争の世紀」と言われた二十世紀は、多くの教訓を残した。また、物質的な豊かさが人間精神を荒廃に追い込み、あるいは文明の名における環境破壊をはじめ幾多の地球的規模の難問を次々と顕在化させたのも、この二十世紀であった。いずれも人類の存続を脅かす、未曾有の危機的経験であった。言うなれば、そうした歴史の厳しい挑戦を受けて、新しい世紀は第一歩を踏み出したのである。

この新世紀の開幕の本年、人間の機関紙として不断の歩みを続けてきた聖教新聞は創刊五十周年を迎えた。そして、その発展のなかで誕生した聖教文庫は一九七一年(昭和四十六年)四月に第一冊を発行して以来三十年、東洋の英知の結晶である仏教の精神を現代に蘇らせることを主な編集方針として、二百冊を超える良書を世に送り出してきた。

そこで、こうした歴史の節目に当たり、聖教文庫は装いを一新し、聖教ワイド文庫として新出発を期すことになった。今回、新たに発行する聖教ワイド文庫は、従来の文庫本の特性をさらに生かし、より親しみやすく、より読みやすくするために、活字を大きくすることにした。

昨今、情報伝達技術の進歩には、眼を見張るものがある。「IT革命」と称されるように、それはまさに革命的変化で、大量の情報が瞬時に、それも世界同時的に発・受信が可能となった。こうした技術の進歩は、人類相互の知的欲求を満たすうえでも、今後ますます大きな意味をもってくるだろう。しかし同時に、「書物を読む」という人間の精神や人格を高める知的営為の醍醐味には計り知れないものがあり、情報伝達の手段が多様化すればするほど、その需要性は顕著に意識されてくると思われる。

聖教ワイド文庫は、そうした精神の糧となる良書を収録し、人類が直面する困難の真っ只中にあって、正しく、かつ持続的に思索し、「人間主義の世紀」の潮流を拓いていこうとする同時代人へ、勇気と希望の贈り物を提供し続けることを、永遠の事業として取り組んでいきたい。

二〇〇一年十一月

聖教新聞社

聖教ワイド文庫　既刊本

新・人間革命［1］　池田大作著

「旭日」「新世界」「錦秋」「慈光」「開拓者」の章を収録。世界の新しき歴史の舞台に、仏法の人間主義の太陽が今、燦然と昇りゆく。

新・人間革命［2］　池田大作著

「先駆」「錬磨」「勇舞」「民衆の旗」の章を収録。民衆の新時代へ先駆の誉れ。仏法は勇気と希望の大道。庶民の大行進は足音高く。

新・人間革命［3］　池田大作著

「仏法西還」「月氏」「仏陀」「平和の光」の章を収録。今、仏法西還の第一歩が記される。有縁の大地を照らす新しき平和と幸福の光。

新・人間革命［4］　池田大作著

「春嵐」「凱旋」「青葉」「立正安国」「大光」の章を収録。平和の波は、社会へ世界へ。東西の対立に終止符を打つ、人間の融合の哲理は仏法に。

新・人間革命［5］　池田大作著

「開道」「歓喜」「勝利」「獅子」の章を収録。勝利――恩師への誓い結実。平和の道は対話の道、文化の道。大阪事件の無罪で「正義」を証明。

新・人間革命［6］　池田大作著

「宝土」「遠路」「加速」「波浪」「若鷲」の章を収録。人間主義の光は中東へも。世界に架ける〝平和の橋〟。民衆の大地に響く、〝蘇生の凱歌〟。

聖教ワイド文庫　既刊本

新・人間革命〔7〕　池田大作著

「文化の華」「萌芽」「早春」「操舵」の章を収録。前進、人類の希望の春へ。核戦争の暗雲覆う世界に新しき平和の光は走る。

新・人間革命〔8〕　池田大作著

「布陣」「宝剣」「清流」「激流」の章を収録。嵐こえ、創価の世紀へ飛翔。世界は仏法を待望。希望の鼓動は韓国にも。恩師の七回忌へ正義の驀進。

新・人間革命〔9〕　池田大作著

「新時代」「鳳雛」「光彩」「衆望」の章を収録。開け、民衆凱歌の新世紀。恩師の七回忌を迎え、新時代建設の大海原に船出。

新・人間革命〔10〕　池田大作著

「言論城」「幸風」「新航路」「桂冠」の章を収録。「正義の言論」で民衆に力を。待望の「聖教新聞」日刊化へ。平和・文化・教育にも新たな光が。

新・人間革命〔11〕　池田大作著

「暁光」「開墾」「常勝」「躍進」の章を収録。〝常勝〟とは逆境に勝つ者の栄冠。南米の大空に昇る幸福の太陽。関西では不滅の〝雨の文化祭〟。

新・人間革命〔12〕　池田大作著

「新緑」「愛郷」「天舞」「栄光」の章を収録。未来を照らせ！　人間教育の光彩。次代開く創価学園が開校。民衆凱歌の東京文化祭が華やかに。

聖教ワイド文庫　既刊本

新・人間革命〔13〕　池田大作著

「金の橋」「北斗」「光城」「楽土」の章を収録。輝け、平和友好の「金の橋」。日中国交正常化を提言！　新しき歴史の扉は開いた。

新・人間革命〔14〕　池田大作著

「智勇」「使命」「烈風」「大河」の章を収録。渓流から大河へ、創価の新時代！　烈風のなか、遂に築かれた七五〇万世帯の一大民衆勢力。

新・人間革命〔15〕　池田大作著

「蘇生」「創価大学」「開花」の章を収録。平和の要塞（フォートレス）、創価大学が開学！「教育」こそ未来を創る源泉、師弟の大事業。

聖教ワイド文庫　既刊本

法華経の智慧［1］　池田大作著

「序品」「方便品」を収録。幸福を指し示す希望の光——法華経。大乗仏教の魂である法華経の哲理を人間・教育・社会等に即して展開する。

法華経の智慧［2］　池田大作著

「譬喩品」から「法師品」までを収録。「一切衆生を仏にする」法華経の心が、平易な言葉で縦横に。「仏法証明」の使命に生きる喜びがわく。

法華経の智慧［3］　池田大作著

「見宝塔品」から「従地涌出品」までを収録。宝塔が出現し、虚空会の儀式という劇的な場面をめぐって、人間生命の尊厳性が闊達に語り合われる。

法華経の智慧［4］　池田大作著

「如来寿量品」を収録。仏法で説く生命論の真髄が躍動の言葉で明かされ、「生も歓喜」「死も歓喜」との大いなる「永遠の生命」を探究する。

法華経の智慧［5］　池田大作著

「分別功徳品」から「嘱累品」までを収録。妙法を弘める人には無量の功徳が！——自他ともの幸福を開く「広宣流布」の壮大な展望を語る。

法華経の智慧［6］　池田大作著

『法華経の智慧』の完結編。「薬王菩薩本事品」など六品を収録。〝人類の経典〟である法華経の法理を明快に明かし、現代社会の闇を照らす。